陳嘉英・著

超高效能思辨課

多元理解經典文學，練就「讀寫論說」的素養力

目次

輯三　國際變遷

輯四　道德信仰

自序／閱讀經典　照見時代

文學暢銷書中，小說一直是主流，它迷人之處在於每個人都能在其中遇見自己的投射，捕捉熟悉的味道。而閱讀歷久不衰的經典之樂趣，不僅是情緒性、感覺性的共鳴，尤在於它是作者生命與思想的投射，時代的ＤＮＡ，人類文明的見證。

是以，本書想帶領讀者深入作者感受人性、觀察生命、記錄世界的敘述，再從分散出去的脈絡連結與記憶重逢，重建那個時代，以現在的眼光回頭詮釋彼時提出的觀點，與目前我們所處的環境對話。

達爾文物種的演化樹狀圖，揭示物種隨著時間變化長出不同分支，如同這本書試圖以世界經典小說勾聯出過去與現在演變中共同的社會議題。故選擇「生命思考、法治人權、國際變遷、道德信仰」四個主題，期待藉由照見人類面對命運如何以自我意志、選擇行動的經典，如何在迷惘懷疑孤獨疏離的處境裡因為堅持的追求、浪漫的理想而活出自我價值。繼「己立己達」之後的「立人達人」，透過反抗階級權威、戰爭極權，回顧人類爭取自由平等所迸濺出火花，文明所經歷的蛻變。但世界永遠充滿問題，未來的發展一直撲朔迷離，無論是跨界移動文化交流、瘟疫崩裂試煉人性、科學突破生存劇變、傳統現代嚮往徬徨，既存在於過去的經典，也是眼前經歷的圖景與全世界致力的目標。

總說小說是虛構的故事，但卻是最真實的歷史。所有留下的東西都是歷史的一部分，閱讀經典小說的意義正是這樣的誠懇與情感，這樣單純而歡喜的漫長追蹤，探索和發現。為此，本書的設計始於閱讀，進而分析、思辨經典小說意涵，終於表達寫作的產出，體例安排分為以下四個層次：

作者時代，進入文本：從作者生命痕跡與所處時代，進入小說摘錄，最後歸納圖說情節內容發展、提煉核心概念，以掌握最基礎的認識。

文本闡釋，進入閱讀：就經典的時代解讀文本內涵，分析作者所反映的時代意義，導入深層理解。

建立概念，進入思考：以現代的視角思索經典啟示，透過思辨引導，帶入問題、問題解說、解決對策，進入跨越領域的議題探究。

延伸創思，進入寫作：鎔鑄經典的激盪想法、建構出自我觀點後，表達個人的論述。

因為閱讀中產生各種連結，所以有豐富的意義。如同在沙灘上撿貝殼，每個曾經看見、撫摸、撿拾起來與放下的都是一個起點，追著這線頭，會發現一條長長的痕跡，分支縱橫交錯，融合滾動成網絡，一個結構性的整體。

正如卡爾維諾曾為「經典」下的十四個定義中，有一則是「你的經典便是你決定不能置之不理的書，它幫助你在與它的關係中或反對它的過程中確立你自己。」期待打開這本書的你，也能在享受閱讀小說的同時，燃燒出研究的熱情，突破學科限制，好奇地追蹤躡跡涉獵相關連結知識，就像種子在時間裡長成蔚然大樹，鋪展屬於你的發現與樂趣。

這本書之所以能成，始於二〇二二年麥田編輯的邀約，中於文學家們創作的視野與格局、翻譯者的轉碼與引渡，最後在編輯、設計、印刷者縝密的專業技術，和全國各地專家學者的推薦見證下，於二〇二四年之初上市。感謝每道環節中，處於不同時空的人們，共同讓通古今之變可堪玩味的情思能藉以流傳於世。

生命思考

《霍小玉傳》
《月亮與六便士》
《流浪者之歌》
《我彌留之際》

抵抗權威，愛情自主

——蔣防《霍小玉傳》

思考焦點：愛情是人生的全部嗎？人的意志能對抗整個社會嗎？

❖今天讀什麼？

「傳奇」，意指奇異的故事，「奇」字標誌故事情節、人物離奇虛構的特質。唐小說稱為「傳奇」則出自唐末裴鉶《傳奇》一書，指當時的文言短篇小說。

傳奇小說的產生一方面來自唐代政治穩定、經濟繁榮帶動城市消費娛樂的需求，與魏晉南北朝的胡人風俗、性別、倫理界限寬鬆的環境因素。另方面承繼六朝志怪小說、史傳傳統、民間說唱藝術、古文運動的非正統文學表現手法，形成小說滋長的沃土，也提供唐傳奇豐富的主題和素材。

唐小說在志怪之外，開展出愛情、警世、俠義、歷史等不同的志人題材，代表作品有反映士族婚姻的元稹《會真記》、蔣防《霍小玉傳》，帶著富貴成空寓言的李公佐

《南柯太守傳》、沈既濟《枕中記》，至於杜光庭《虯髯客傳》則是跋扈藩鎮與朝廷對峙造成社會動亂，寄望俠義之士反抗的心聲。

唐傳奇將中國小說帶入情節曲折成熟完整的結構，對後世小說和戲曲都有重大影響，如湯顯祖《玉茗堂四夢》、元稹《會真記》後成為王實甫《西廂記》、陳鴻《長恨歌傳》，被洪昇編為《長生殿》。

書摘

唐大歷年間，隴西李益年二十便高中進士，為參加拔萃考試來到長安。李益才思橫溢，出類拔萃，深受飽讀詩書前輩們的推崇。風流倜儻瀟灑自負的他，一心想得到可以相配的女子，於是在諸多名妓中物色了許久。

有天，受李益重幣相託的媒婆鮑十一娘來訪，笑著說：「有一位貶謫凡間的天仙，不要金銀珠寶，獨愛風流倜儻之人，這樣的美女和十郎正好匹配。」又說：「她是故霍王最寵愛的小女兒，霍王過世後，兄弟認為她是出身卑賤的庶女，給了點錢就打發他們母女到外居住。霍小玉改名換姓為鄭氏，人們並不知她是霍王之女，氣質出眾高雅絕俗，音樂詩書樣樣精通。昨天託我找個好人家，我提起十郎，她久仰才子大名，很是傾心，約定明日午時勝業坊古寺旁等候。」

隔日李益騎著借來的黃金勒驪駒到約定的地方，在青衣婢女引路下，見到鮑十一娘和霍小玉母親。霍小玉母親跟李益說：「素聞你才調風流，今日一見果真儀容雅秀，名不虛傳。常聽鮑十一娘說起您的心意，今天就讓小女永遠服侍您。」霍小玉從閨房出來，顧盼轉眸光彩耀人，李益立即起身拜迎，只覺整個房間就像瓊林玉樹互相輝映。霍小玉母親對著坐到身旁的女兒說：「妳喜歡的『開簾風動竹，疑是故人來』，就是李益的詩。妳終日念想，何如一見。」李益趕緊起身答禮，說道：「小娘子愛才，我貪愛美色，兩好相映，才貌相兼。」

酒過數巡後，天已暗沉，鮑十一娘引李益到西院安息。不一會霍小玉來了，言談溫柔和順，辭氣婉轉迷人。二人枕上相親，極其歡愛，夜半之時，霍小玉忽然流淚看著李益說：「我本是娼妓人家，深知不能與官家富二代的您匹配。如今因姿色而托身給仁賢的君子，只怕年老色衰，您的恩情隨即轉移衰退，我將如女蘿無樹可依，像秋天的扇子一樣被拋棄，因此在歡樂至極時，不覺悲從中來。」李益聽了她的話不勝感歎，緩緩跟霍小玉說：「我平生心願，今日能實現，發誓粉骨碎身絕不會捨棄你，請以素縑寫下盟約。」隨即援筆成章，指天地為鑑，表示相守的誠心。

就這樣過了兩年像翡翠鳥在雲中般相親相愛的日子，隔年李益登科，四月將要上任鄭縣主簿官職，乘便到洛陽探親報喜。長安親戚設宴餞別，離開前，霍小玉對李益說：「以您的才學和名聲，必然有許多人願和您結親，何況堂上有雙親，室內沒有正妻，當初的盟約就當是一場空吧。但我有個小小心願想託付您，不知您是否願意聽？」李益驚怪地說：「怎會忽然說這話？說說看，必當敬奉。」霍小玉說：「我今年十八，你二十二，到三十而立還有八年。一輩子的歡樂愛戀，希望把握最後短短時光有個完美的收尾，此後您去挑選名門望族結成秦晉之好，我將拋棄人世剃髮出家，這生的願望也算心滿意足。」李益既慚愧又感動，流淚對天發誓要與霍小玉白頭偕老，並約定八月派使者來迎接。

＊＊＊

李益還沒到家，太夫人已替他和表妹盧氏訂妥婚約。太夫人一向嚴厲固執，李益不敢推卻。盧氏是世家貴族，嫁女的聘金非得百萬，但李益家境清寒，只得請假遠向故親舊友四處借貸。李益自知辜負盟約，把與霍小玉說定的秋天約期一拖再延，到隔年夏天乾脆不聞不問，還拜託親故不要洩漏消息，想斷絕霍小玉的指望。

霍小玉自從李益逾期不歸，兩年多來求巫師遍訪占卦，四處打聽音信，積憂成疾，錢財盡空，暗地經常讓婢女賣首飾，好託人打聽李益的消息。老玉工認出紫玉釵是當年霍王花一萬錢訂做的，聽婢女說起霍小玉的遭遇，淒然流淚，難過地說：「貴人遇人失節，竟淪落至此！我活到這麼老，看見這樣的盛衰無常，傷感極了。」於是把這事告訴延先公主，公主為之悲嘆良久，給了十二萬錢。

那年臘月，李益請假進京城準備成親，偷偷住在僻靜的居所不讓人知。李益表弟看不慣他負心的行徑，便把這事告訴霍小玉。霍小玉恨嘆不已，到處請親朋尋找。李益自知誤期爽約，又聞霍小玉疾病纏綿，深感羞愧不肯前往，早出晚歸刻意躲避。長安城中逐漸有人知道這件事，無不感歎霍小玉的多情，憤恨李益的薄倖，於是有人趁李益和朋友到崇敬寺賞牡丹花，輪流吟詩作對時，勸說：「風光絢麗，草木榮華。可憐的霍小玉，心懷冤屈守空房，如此拋棄實在殘忍，男子之心不該如此！」

正跟李益嗟嘆之際，忽有一位豪士穿輕便的黃衫，挾著弓箭，風采俊美路過，聞此對話便藉故有事相託，一路哄騙，把李益帶入霍小玉家。

前一個晚上，霍小玉夢見穿黃衫的男子帶著李益來到床前，讓她脫鞋。霍小玉驚醒後心想：「鞋者，諧也，表示夫妻再次會合；脫者，解也，意味相見又要分開，也就是永別了。」霍小玉纏綿病榻很久，身體虛弱得連轉身都需人幫助，忽聞說李益來了，飛快地自己起床，換好衣服走出去，好像有神助似的。

霍小玉含怒凝視李益，側身舉起一杯酒澆在地上說：「我身為女子，薄命如此；君是大丈夫，如此負心。可憐小小年歲的我，這美麗的容貌，就含冤恨走向黃泉。這都是你造成的，我死以後，一定變成厲鬼，讓你的妻妾終日不得安寧！」說完，高聲痛號，氣絕身亡。李益為她穿上白色喪服，哭泣得很悲哀。安葬霍小玉的那天晚上，李益忽然看見霍小玉容貌美麗，像活著的時候一樣，穿著石榴裙，紫色罩袍，紅綠色的披肩紋巾，斜身靠著靈帳，手握繡帶，看著李益說：「蒙你送別，表示你還有未盡的情意。我在陰曹地府，怎麼能不感歎呢？」說完，就看不見了。

隔天，安葬在長安御宿原，李益到了墓地，痛哭一場才回去。

節錄自《霍小玉傳》（蔣防／著；陳嘉英／譯）

❖經典放大鏡

解構文本脈絡

鮑十一娘媒合李益與霍小玉→李益寫下與霍小玉相守盟約→李益接受與表妹盧氏婚事，避不見面，霍小玉遍尋不著→霍小玉夢中傾訴背叛之怒，誓言讓李益不得安寧

圖說核心概念

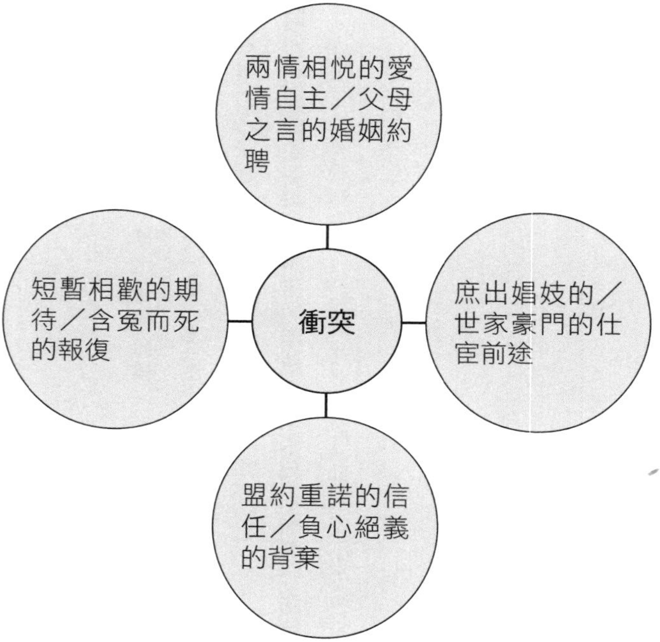
兩情相悅的愛情自主／父母之言的婚姻約聘
短暫相歡的期待／含冤而死的報復
衝突
庶出娼妓的／世家豪門的仕宦前途
盟約重諾的信任／負心絕義的背棄

深度解析文本內涵與意義

唐朝翰林學士蔣防所作的《霍小玉傳》傳奇，既是唐代士子與妓女愛情的悲劇，也深刻顯現無法逆轉的階級意識。小說內容分為三部分，一是李益經媒婆介紹與霍小玉定情、立誓、恩愛兩年。二是李益高中赴任，依從母命與名門結親，從此音訊杳然。霍小玉四處打探，相思成疾；李益的負心無情引來眾怒，豪士挾持李益至勝業坊古寺，但霍小玉已於前夜和李生夢中相會，死訣香消玉殞。三是霍小玉臨終前發下為厲鬼的誓言，李益變得善妒殘暴，幾段婚姻都不得善終。

悲劇是最古老也最常見的題材，以愛恨情仇的苦痛、死亡、意味深長的結尾傳達哀痛。中國大多數悲劇小說情節過程雖然波折，但最終多是如願以償的圓滿結局，這篇小說卻一步步鋪陳出霍小玉的悲劇、報復，以致李益終身陷入情緒風暴。推究悲劇的源頭，不僅是個人的價值觀，更是整個社會文化對身分地位、婚姻自主的限制。

「身分」，是造成霍小玉成為悲劇人物的原因之一。庶出的印記使她難以逃脫賤民的宿命，兄弟可以驅逐之，社會合理地否定之，她只能淪為娼妓。儘管才貌雙全，但娼妓的身分再次把她推入窘境，社會文化中不允許士人和妓女婚嫁，只能做為婢女或小妾。尤其魏晉之後實行九品中正，「上品無寒門，下品無士族」的政治規則下，縱然唐代有科舉制度使平民翻身，根深柢固的門閥觀念仍籠罩士大夫階級。這便是李益最後選擇聯姻世家大族盧氏，以鞏固士族政治利益，與霍小玉之間的情愛注定如露水煙塵的原因。

一個「渴望愛情，矢志不渝」，另個視為「才色交易」，迥異的愛情觀是悲劇來源之二。出於高門的李益坦承：「我貪愛美色」，足見在他對霍小玉的感情純出自感官。霍小玉懷抱的卻是純粹愛情觀：不要金銀珠寶，獨愛風流倜儻的才子；不求長相廝守，成為一生一世的妻室，只盼能恩愛一時。於是，她明知飛蛾撲火，仍把整個生命投注於愛情，勇敢、執著地固守這份單純真摯的兩情相悅。所以，她在歡樂到極點的時候悲愁秋扇見捐，她認清事實仍自欺地相信李益逢場作戲的承諾為山盟海誓。李益逾時不歸時，她癡心等待夢迴遷繞，典賣財物求巫拜神而形銷骨毀，以致當她搏命追想的理想與生命都遭到負心寡恩毀滅，昔日的愛有多深，死後的恨與復仇的誓言便多壯烈而凶狠。

「知其不可而為之的對抗精神」是悲劇來源之三。霍小玉清楚地明白唐代婚俗、門第觀念，以及良賤不婚的要求和限制。因此她必然知道五姓之一名門望族的李益家，絕不能容下這段門不當戶不對的關係，李益即使許下「粉骨碎身，誓不相舍」的承諾，也難以逃脫社會倫理之網。是以她理智地不把李益寫下誓書盟約當成束縛，只要求八年的恩愛；她從此便了無遺憾，一身袈裟伴青燈，表明愛情專一的意志。面對主客觀條件都不利的現實，霍小玉沒有膽怯也不怨尤，而是以無比的勇氣捍衛主體和尊嚴；在不可克服的障礙前，她堅持對愛情的信仰，為了真實與承諾，無懼無畏地賭上生命來反叛抗爭。

社會「集體意識」是悲劇來源之四。霍小玉以蚍蜉撼樹之姿，企圖對抗傳統觀念、父權體制及「一旦色衰，恩移情替」的變因。李益做為士大夫仕宦的一分子，無法也無能為力置身於世情眼光和前途之外，而必須屈服於社會價值觀及法律制度的限制。大環境的限制注定了這是一場悲劇，尤其在「長安狎遊成風」的唐代，形成士風澆薄、蓄妾成習的文化現象。

傳奇小說反映真實的人生百態，作者「假小說以寄筆端」，因此無論情節或人物都隱喻社會陋習，帶著批判的想法。如李益因薄情，而終生活在害怕遭人背叛的恐懼之中。玉工、公主等為霍小玉抱不平而相助，特別是黃衫俠客雖素昧平生，倏忽來遽然去，挾持李益，完成霍小玉臨終的遺憾，幾筆之間詮釋出正義的俠氣。

❖跨域思考地圖

建立概念

男性中心主義下，女性的地位一直被壓抑、被邊緣化，直到二十世紀初法國各派爭取婦女選舉權運動，女性存在的自主性才逐漸被重視。西蒙・波娃《第二性》提出：「女人不是生成的，而是形成的。」她認為女人的種種表現是被社會塑造而成的，並非天生本質。因此主張女人的本性和男人一樣，沒有永恆固定的女性氣質或女人的宿命。

根據人人擁有自主權利的原則，女性主義認為女性生存的目的不是成為妻子、母親，而應以自我實現、發展自我潛能為優先。同時鼓勵女性重新定義自己的存在，誠實面對自我與處境，勇敢做出抉擇與改變，進而參與塑造過去一直由男人所塑造的世界。

思辨指南針

在「父母之命，媒妁之言」的傳統制度下，女子完全無法婚姻自主，即使是皇家、官家女子也往往會在仕宦利益下成為政治犧牲品。做為唐代官場文化中與士子官員唱樂酒宴的陪伴、助興的娼妓，儘管兼具吟詩作對、琴棋書畫、歌舞等色藝，仍非士子婚配的對象，也無法得到真情相待，但這阻止不了她們對愛情的嚮往，和企圖反抗的權利。這或許是明朝湯顯祖改編為劇本《紫簫記》、《紫釵記》時，把結局改為李益與霍小玉有情人終成眷屬的原因吧！俄國詩人普希金在一八三〇年發表的小說《葉甫蓋尼．奧涅金》，敘述的也是鄉下女子愛上貴族奧涅金，但跨越不了的家世障礙，讓這段愛情最終走向無奈。

透過蔣防、湯顯祖和許多名著的觀點，我們可以進一步思考這些現象形成的原因、影響是什麼？在今天的環境裡，有哪些國家文化仍讓男性及家族決定女性婚姻與自由？其所顯示的問題是？有什麼解決之道？

思辨問題一：

霍小玉面對重門第的社會文化，採取什麼樣的因應態度？這態度的意義或價值是？

觀點對話

面對唐朝對士子與娼妓的律法、社會歧視，霍小玉深知與李益情愛的結局，因此她一方面妥協門第規則、壓抑情感，另一方面求八年的約期試圖反抗命運。這股力量表現在當李益負心薄情毫無音訊時，她散盡家產極盡所能尋找，以捍衛她卑微而嚴肅的追求；歷經在夢裡、心靈裡、毒誓的詛咒裡傷痛欲絕的她，以化為厲氣纏繞李益，抗議整個社會文化的不公不義。

朱光潛在《悲劇心理學》裡提及：「對悲劇說來說，要的不僅是巨大的痛苦，而且是對待痛苦的方式。沒有對災難的反抗，也就沒有悲劇。引起我們快感的不是災難，而是反抗。」霍小玉以堅守愛情對抗士人始亂終棄的不義，以死亡與報復反抗主流價值，爭取掌握生命、審判不公的權利，顯現悲壯的生命光彩。

思辨指南針

有人說，好的故事不僅讓你縈繞於個人的情感失落，難以自拔，而是帶你進入情境，產生感同身受的同理心帶來的淒涼。這二者帶給人的衝擊力量不同於：前者同情式的悲劇潛在邏輯是「原來你是這樣的」，後者同理式的悲劇體悟的是「原來我們都是這樣的」。閱讀《霍小玉傳》的你，是否由中透視生命的共相，參透普世價值？

思辨問題二：

魯迅：「悲劇是將人生的有價值的東西毀滅給人看。」這篇小說毀滅了哪些有價值的東西？

觀點對話

這篇小說毀滅了社會公平公正與人權，和對美好事物、美好理想（純真愛情）的追求。

霍小玉明知李益是因為美色而折節相與，卻癡心地以為二人間的承諾能消除重重障礙，義無反顧地把生命拋擲於跨越身分階級、對抗社會眼光的搏鬥，爭取彼此真心交付的愛情，平等尊重的人權。

思考解決對策：專業能力、自我空間、書寫、走入社會

在生存優勢的環境下，男性掌握統治階級、制定政策，女性角色被設定在家庭之內相夫教子和日常事務，更以三從四德馴化女性的思想，七出之條和國家律法、社會習俗、世俗眼光監視女性的言行舉止，磨平原有的特質。因此，女人的弱化、卑微化是整個社會男性中心主義以傳統、制度、文化形塑的。

維吉尼爾．沃芙於是提出女人要有自己的房間，而不是被侷限在廚房、臥室這些為家庭、為男性服務的空間，而應有屬於自己的場域。那便是接受教育培養專業能力，以走入社會多樣角色的貢獻，獲得經濟獨立和自信自尊；同時，以書寫為自己發聲，寫出女性以生命意義價值建立的歷史。

❖延伸思考寫作站

題目一

耶魯大學校長彼得．沙洛維（Peter Salovey）在二〇一九年畢業典禮上不斷詢問：「每個人都知道自己反對什麼，但你知道自己追求什麼嗎？」摧毀比創造更容易，批判比創造更具話語魅力，但指出錯誤只是開始，並不是結束。追求某件事就像是探尋那些謎、那些光，是一種信念——堅信一個更完美的世界觸手可及，堅信我們能夠努力建成它。因此與其將生命置諸反對質疑，不如以行動尋找答案，建立新想法，承擔「權利和責任」創造想要的世界。

請以「我追求……」為題，寫一篇文章，敘述你追求的理想境界，並說明原因、闡釋其意義。

題目二

生活中，人們不僅關注自身的需要，也時常渴望被他人需要，以體現自己的價值。

這種「被需要」的心態普遍存在，對此你有怎樣的認識？請寫一篇文章，談談你的思考。要求：（一）自擬題目；（二）不少於八百字。

（二〇一八大陸高考上海卷）

浪漫理想，自我抉擇

——威廉．毛姆《月亮與六便士》

思考焦點：誰來決定我們的人生，如何定義我們的生命價值？追求自我需要付出的代價是什麼？

❖今天讀什麼？

威廉．薩默塞特．毛姆（William Somerset Maugham，一八七四－一九六五年），英國現代小說家、劇作家。

基於在法國本土出生的孩子都要應徵入伍的法律，當律師的父親特別安排毛姆在巴黎英國大使館出生，以避免這條法律的限制。毛姆的父母在他十歲左右雙雙過世，因而被送回英國由擔任牧師的伯父撫養。生活環境與家庭氛圍驟然巨變，又因身材矮小、嚴重口吃在小學便飽受霸凌，讓原本孤獨的毛姆，個性變得更加孤僻、敏感與內向。

十五歲那年，毛姆因胸膜炎而離開學校，次年他前往德國海德堡大學學習，接觸易卜生為代表的新戲劇潮流，和叔本華悲觀主義的哲學。叔本華的思想和毛姆的悲慘經歷產生了共鳴，並滲透著大量東方禁欲和苦修等思想，促使他轉而研究東方宗教思想。

儘管兄長都繼承顯赫的法律家族事業，毛姆卻選擇當醫生，並將實習經驗寫成處女作《蘭貝斯的麗莎》而備受矚目，劇本連續上演達一年之久，盛況空前，毛姆遂棄醫從文。但其後的生活常入不敷出，毛姆巧以一則徵婚廣告：「本人喜歡音樂和運動，是個年輕又有教養的百萬富翁。希望能和毛姆小說中女主角完全一樣的女性結婚。」成功地吸引搶購其作品的風潮，並打開名聲。因為他太了解讀者的心理，掌握人性，善於眼觀四面耳聽八方，捕捉人物形象，《人間的枷鎖》、《刀鋒》等代表作深度探討人生、思考意義和價值，因而成為二十世紀初風靡全球的小說家、劇作家，作品被譯成各國文字，大量改編為電影。

毛姆一生傳奇而多姿，不僅遊走於英國社會名流，同時扮演第一次世界大戰紅十字會救護隊、潛入俄國工作的英國間諜、二戰宣傳家的角色，晚年更悠游於南太平洋、印度和東南亞，這些經歷都反映在其後來的短篇故事和小說中。

書摘

我接收到的印象是，他過著勉力對抗各種困境的生活；但我領悟到一件事，大部分人無法忍受的惡劣境況，對他來說一點影響都沒有。史崔蘭與大部分英國人最大的不同，在於他對生活的舒適與否漠不關心，一直住在破舊的房間裡也不嫌厭煩，他身邊不需要圍繞著美麗的事物。我後來知道他曾有六個月的時間，每天吃一條麵包喝一瓶牛奶過活。他是個肉慾的男人，卻對感官的事物無感。

當他身上從倫敦帶來的那筆小錢用光後，他也不以為意。他沒賣出畫過，我也不覺得他曾努力賣畫，他於是開始找法子賺點錢。他獰笑著告訴我，他曾充當導遊帶倫敦佬去見識巴黎的夜生活，這份工作正合他那性好譏諷的脾氣，但最後他襤褸的衣衫終於嚇壞了觀光客。之後他恰巧碰上翻譯專利藥品廣告的工作，這些廣告會再傳播回英國的醫學界。某次罷工中他甚至被雇來油漆房屋。

與此同時他不曾停止磨練自己的技藝，但很快的他便厭倦了畫室，開始獨自一人作畫。他不曾窮到買不起畫布和顏料的地步，而且他其實不需要其他東西。據我的了解，他畫得很辛苦，而他又不喜歡接受別人的幫助，因此花了許多時間摸索前人早已一一解決的技巧問題。他有所目標，我不曉得他瞄準了什麼，或許他自己也不知道，我比之前更強烈地感覺到他好像著了魔似的。他看起來神志並不清明。我覺得他不願意讓人看畫，似乎是因為他其實對那些畫並不感興趣。他活在夢裡面，現實對他來說不具意義。我感覺他在畫布上全力揮灑他猛烈的個性，為了畫出他心目中所看到的景象，他忘卻了一切；完成了之後，或許他完成的不是畫，因為我覺得他甚少完成任何作品，他的激情消耗殆盡，他便變得毫不在乎。他對自己畫的從來不曾感到滿意，與縈繞他腦海的景象相較之下，那彷彿無關緊要。

「你為什麼不送自己的作品去參展？我還以為你會想知道別人的看法。」我問道。

「你會嗎？」

我難以言喻他加在這幾個字裡頭的無比輕蔑。

「你不想成名嗎？大部分的藝術家都看重這件事。」

「幼稚。要是你都不在乎個人的意見了，怎會去在乎群眾的評價？」

「並非人人都明事理的啊。」我笑了出來。

「名聲是誰創造出來的？評論家、作家、證券經紀人、女人。」

「想到有你不認識、不曾謀面的人們，從你手中畫出的作品裡接收到微妙而熱切的情感，難道你不會覺得開心嗎？所有人都喜歡握有力量。我想不到比觸動人們的靈魂，使他們感到悲憫或驚懼更美妙的力量了。」

「濫情。」

「那你為何在乎自己畫得好或不好？」

「我不在乎。我只想畫自己看到的東西。」

＊＊＊

「你放棄了舒適的家，以及平凡但幸福的生活，經濟上堪稱富裕，而你在巴黎似乎過得很糟。假如重來一次，你還是會一樣嗎？」

「我不想過去，唯一重要的是永恆的現在。」

我思索他的答覆好一會兒。這回答或許有點費解，但我覺得自己隱約懂得他的意思。

「你快樂嗎？」我問。

「快樂。」

我沉默不語。我細細地注視著他。他堅定不移地回應我的凝視，眼裡閃爍著促狹的神情。

「我告訴你最奇怪的是什麼，是當一切結束時，你居然感覺到自己無比純淨。你覺得自己彷彿是脫離軀幹、沒有實體的靈魂。你似乎伸手就能觸摸到美，你的心靈能與微風、開枝散葉的樹木，以及波光瀲灩的河流親暱交流。你覺得自己彷彿就是上帝。這一切你能向我解釋嗎？」

他雙眼始終盯著我的眼睛，一直到我把話說完，這才別過眼去。他臉上浮現奇怪的神情，我想一個人若是遭刑求致死應該也是這種表情。他默不作聲。我知道我們的交談結束了。

＊＊＊

我已習於老大師們的畫作，心裡深信安格爾（Jean-Auguste-Dominique Ingres）乃近代最偉大的繪者，我覺得史崔蘭畫得很差。我不懂他追求的是單純簡化。我記得一幅擺在盤上的柳橙靜物畫，我困惑於盤子並非圓形而柳橙歪了一邊。肖像畫比真人尺度來得大了些，因此看上去不甚美觀。在我看來，那些臉孔看起來活脫像是諷刺的滑稽畫。繪畫的方式對我來說前所未見，風景畫甚至更令我不解，有兩、三幅楓丹白露森林的畫作，還有幾幅巴黎街道的風景：我當下的感覺是，這些大可說是酒醉的計程車司機畫的也行。我感到困惑不已。那色彩在我眼中看來格外粗陋。我腦海中還閃過這樣的念頭：整件事不過是樁令人無法理解的驚人大鬧劇。如今回頭看來，我更加佩服史特洛夫敏銳的眼光。他打從一開始便看出這不啻藝術的革命，他也在其萌芽期便認出如今全世界都認可的非凡創造力。

不過若說我感到困惑而不安，我並非未受感動。就連我這麼蒙昧無知的人，也不由自主感受到這極力想表達自我的，是一股真切的力量。我雀躍而興味盎然。我感覺到這些畫想對我訴說，某些對我自己而言十分重要的訊息，但我卻不懂那是什麼。它們看似醜陋，但卻暗示而未揭露某個事關重大的祕密。它們莫名地撩撥人心，賦予我一種自己也無法分析的情緒。它們訴說著某種難以言喻的事情。我猜史崔蘭隱約在有形的物體中瞥見了某種心靈上的意義，由於其不可思議，他只得以模稜兩可的符號來暗示。彷彿他在宇宙混沌中發現了新的形態，苦悶的靈魂拙澀地試圖將之描繪出來。我看到一個飽受折磨的靈魂，奮力想解放自己訴說表達。

一開始我以為親眼見到他的畫作，便能了解他那奇怪的性格，但是我錯了。那些畫只是加深了他所給我的滿滿的驚異。我更加摸不著頭緒了。我唯一清楚明白的——或許這純屬我個人臆測——是他熱切地想從某種掌控住自己的力量中解脫。

顯然色彩與形狀對史崔蘭來說，有專屬於自己的獨特意義。他不可自抑地想傳達出自己的感受，創作時僅秉持這種初衷。若能更接近他所追求的那不明目標，就算必須簡化或扭曲也毫不遲疑。事實對他來說並不重要，因為在那重重不相關的枝節底下，他尋覓的是對自己有意義的東西。就彷彿他察覺到了宇宙的靈魂所在，不得不將之表現出來。雖然這些畫令我困惑不解，卻無法不受當中明顯的情感所動；我也不曉得為什麼，自己體內油然而生一種感覺，那是我沒想過自己會因為史崔蘭而體驗到的感覺。我感到一股劇烈強大的同情。

節錄自《月亮與六便士》（威廉．薩默塞特．毛姆／著；陳逸軒／譯），二〇二三，麥田出版

❖經典放大鏡

解構文本脈絡

史崔蘭拋棄工作和家庭，打各種零工維持簡單的生活，全心投入繪畫↓他不介意別人的評價，追求永恆的現在和靈魂的自由↓史特洛夫看出他是天才，開啟繪畫革命↓我被他以獨具意義的色彩、線條表現的情感觸動

圖說核心概念

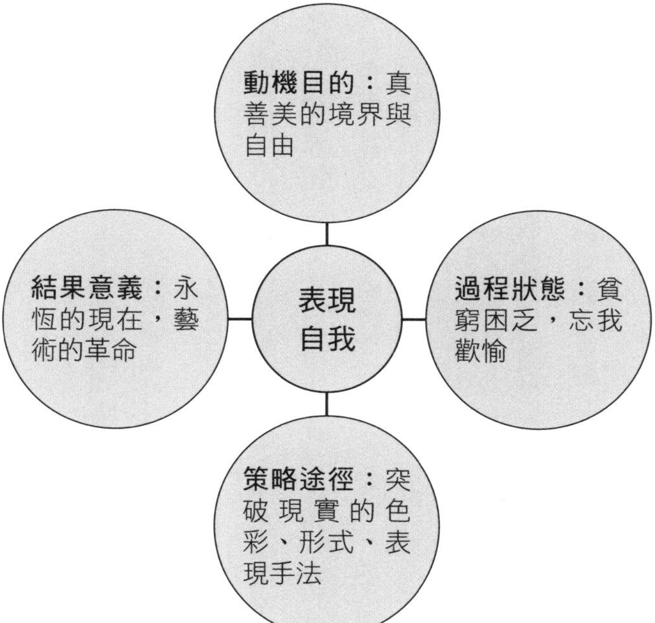
動機目的：真善美的境界與自由
結果意義：永恆的現在，藝術的革命
表現自我
過程狀態：貧窮困乏，忘我歡愉
策略途徑：突破現實的色彩、形式、表現手法

深度解析文本內涵與意義

書名《月亮與六便士》取自毛姆代表作《人性的枷鎖》的評論：「主人公菲利普像所有年輕人一樣，終日低頭尋找地上的六便士銀幣，卻錯過了頭頂的月亮。」意味在生活中，人們往往埋首於現實，汲汲營營於「六便士」所代表的名利慾望，而錯失追求象徵夢想和靈性的「月亮」。因此這本以法國後印象派畫家保羅．高更生平為基底的小說裡，敘述「滿地都是六便士，他卻抬頭看見了月亮」的故事。

毛姆藉由一個富裕的英國證券經紀人查爾斯．史崔蘭，在中年家庭事業兩得意之時，像被魔鬼附身似地拋家棄子，到巴黎、法國馬賽、南太平洋的大溪地，追尋成為藝術家夢想的歷程。在現實角色責任、個人狂野幻夢之間，史崔蘭以義無反顧的執念，投入創作的自由狂喜，擁抱自我，凸顯出抑制不住的熱情光彩和繪畫對其生命的意義。

那個明澈的自我不屑於迎合世俗，不參加任何展覽，不需要評論者參與，因為，他要畫的始終是自己對世界的情感，要探索的一直是新的表現形式，因此他嘗試奔放躍動，扭曲怪異的線條擺脫束縛；他不去畫室，而是把自己埋在燃燒心靈的激情之中。

擅長剖析解讀人性的毛姆，總能以冷靜客觀的筆調，一針見血照出生命裡冷峻的真相：婚姻就像食色，不過是享樂的工具，滿足身體上的慾望或填補心上的空洞，不僅無須嚴肅以待，反而要遠離女人精神性的占有，不能被囚禁。因此小說裡的史崔蘭對於無理由的離開家庭毫無愧色，在巴黎導致照顧他的荷蘭畫家德克．史特洛夫妻子布蘭琪為他自殺身亡，也不以為然。因為他愛戀的只是布蘭琪做為模特兒的身影，而非相守一生的愛情；他將生命交給朝思暮想心牽意懸的藝術，所以漠視貧病窮乏和世態人情冷暖炎涼的眼光，也不在乎心靈上所受的煎熬。

漠視物質生活的史崔蘭最終順從內心的召喚，遠離文明世界，走向與世隔絕的大溪地。在脫去歐洲文明束縛的熱帶叢林陽光裡，他釋放冒險的野性，回到原始單純的自我，找到可以畫出內心精神意義力量的獨特線條和色彩，創作出曠世的震撼。這是毛姆要在書裡表達的重要觀點：「人生意義在對美的事物的追求」，而「人類痛苦的根源只有通過對藝術的追求和禁慾才能得以解脫。」

這本以高更為原型的小說，透過敘述者「我」的視角，前半部以第一人稱描述查爾斯．史崔蘭在巴黎往來的人事互動，穿插雙方的對話紀錄、解讀其心靈的觀想及評論行為的反思；後半部是史崔蘭已經過世，敘述者透過大溪地人們的回想，拼湊出他在島上的生活。

史崔蘭一生都在追求美，以之死靡他的壯烈情懷燃燒出演繹生命的藝術。他在島上跟一個土著女子同居，因為她順服聽話而無所求。島上的每個人都是模特兒，在他的筆下熠熠生輝。他染上痲風病雙目失明，但畫滿房間四壁的伊甸園比任何眼睛能捕捉的景象更華麗聳動。這是查爾斯．史崔蘭以生命詮釋內心和宇宙奧秘的境界，也是藝術之所以永恆的價值。

❖ 跨域思考地圖

建立概念

高更與梵谷、塞尚並稱為後印象派三大巨匠，死後作品才被重視而聲名大噪。早期受畢沙羅影響，後以明亮飽滿的色彩、跳動韻律的筆觸創造出率直、簡約而大膽強烈的風格。童年的祕魯經驗和晚年大溪地熱帶、神秘的自然之美、遠離文明的原始、野性之真，讓他走出印象畫派繁瑣光影、固定短暫景象的拘泥，隨著本能引導，畫出最自然的本色與心中永恆的伊甸樂園。

生命的意義一直盤旋於高更心中，經歷喪女之痛，飽受著梅毒、眼病和貧窮折磨的他，日以繼夜地工作了一個月，畫出他畢生最大幅的作品《我們從何處來？我們是誰？我們向何處去？》。這是高更走投無路、精疲力竭的遺囑，也是他一生幻夢的熱情。粗麻布上的色調由綠至藍黑，象徵由盛開到凋落的生老病死歷程；白鴿、女神巫師、貓狗、術語果子等裝飾性的符號表現對人生和藝術的哲思。

命運與挑戰命運、屈就妥協現實與挑戰超越現實是對立的阻力，還是相互成就的推拉能量？生物演化出「適者生存，不適者淘汰」的生存法則，但究竟是誰來決定我們是「適者」，誰有資格淘汰誰？世界如何定義我們的生命價值？這是高更對現實的反擊，是毛姆提出的思考，也是我們每個人的生命課題。

思辨指南針

安於現實，善盡世俗的責任，與聽從內心的召喚，捨棄一切奔向自我，總在每個生命裡糾結。屈原面對「眾人皆醉我獨醒」時，寧可選擇赴江流而不願淈其泥揚其波，與世沉浮；在「我欲乘風歸去，又恐瓊樓玉宇，高處不勝寒」的兩難前，蘇東坡選擇大隱於仕，擁抱人世。站在生命抉擇的十字路口，是走向人跡罕至的孤獨？還是綠草繁茂的喧囂？除卻智慧、勇氣，更檢驗著生命價值觀。

《月亮與六便士》中，巴黎的荷蘭畫家史特洛夫是史崔蘭的對照組，善良浪漫的他雖然不是一位高明的畫家，但視美如上帝般虔誠敬畏；對藝術具有敏銳的鑒賞力，善於發掘有才能的新人，畫理想中的境界。這是普世間度人的散播者，相較下，高更自私地拋棄現實與責任，擺脫義務與安定，極力以燃燒的熱情擁抱唯一的真實。「他不曾抱怨過命運，不曾喪失勇氣，一直到最後，他的心智都保持平靜，不受干擾。」那是夸父逐日式的壯烈，伊卡洛斯為理想不計代價的勇氣，卻有著如赤子般天真祥和。

高更將大溪地阿圖那蓋的茅屋命名為「歡愉之屋」，其意涵如鍾文音在《遠逝的芳香》所詮釋：「物質極端困頓，精神極端奢華……他和大溪地的關係仍如孿生兄弟，在歷史上是，在視覺上更是……是伊甸園的避世圖象，也成了一種生活方式的允諾代表。」這樣的飽滿豐盈是以貧病、幾度精神瀕臨崩潰的死亡換取來的，難道物質與精神是不能得兼的魚與熊掌？選擇「月亮」，勢必要放棄「六便士」嗎？

思辨問題一：

成功的定義是什麼？為此要付出的代價是？成功的意義又是什麼？

觀點對話

毛姆在這本小說裡敘述史崔蘭的心聲道：「從事自己最想做的事情、生活在讓自己開心的狀態底下、自己心安理得，這樣算是把人生給搞砸了嗎？還是成為知名的外科醫師、年收入一萬英鎊、娶得美嬌娘，這樣就算成功了嗎？我想這取決於你賦予人生的意義、你對社會的要求，以及你個人的要求。」

對於成功，或許每個人有各自的解讀，無論是俗世定義的功成名就，地位財富，或是歲月靜好，平安知足，我們總在一個個階段定義成功，追求下一個成功，也在其間反思成功的代價是否值得，成功的喜悅是否真實，進而累積力量奔向遠方。

正如高更所言：「每個人心中都有夢，最勇敢的莫過於去新的地方做新夢，而不是在舊夢上縫補編織，這才是夢和現實的實際距離，是一種永不妥協的精神。」

至於成功的意義，或許如高更在書裡寫道：「沉睡在荒圮靈魂深處的墮落直覺已層層剝削而去，同時，凸顯了生活簡樸的健康性，讓我領略到一種難以言喻的快樂。在靈魂痛苦地掙扎後，我贏得了掌握權。」

思辨問題二：

創新、獨特是否與現實衝突？做為群體中的一分子，能擁有絕對的自我嗎？我們的情感思想像純淨水沒有任何雜質一般，全然出自無偽無私無他人的成分嗎？藝術的創新是否必須遠離現實的束縛？

觀點對話

市場反應、競爭對手固然是創新的源頭，但誠如大前研一在《創新者的思考：看見生意與創意的源頭》強調：創新來自於「對已知現象與運作方法的根本質疑」、「對趨勢與數據的敏感度直覺」，和「運用新技術、新材料、與新組合的觀念」。藝術的創新非但要突破現有思考框架、啟發有趣構想，更重要的是創作者靈魂的境界，情感的張力，因此思特里克蘭德在不斷投入而又不滿意的嘗試中，企圖「在宇宙的一片混亂中找到一個新的圖案」。

高更離開巴黎到大溪地，「是為了尋找平靜，擺脱文明的影響。我只想創造簡單，非常簡單的藝術。為了達到這個目的，我必須回歸到未受汙染的大自然中，只看野蠻的事物，像他們一樣過日子，像小孩一樣傳達我心靈的感受，使用唯一正確而真實的原始的表達方式。」

或許這是高更不斷流浪，梵谷將澎湃的生命鎖入孤獨，畢卡索透過往來各地的生命經歷刺激原創力的原因，畢竟唯有跳脱既定的思維，才能展開新的視野，於一層層剝離中澄明心境，洗滌耳目，方能找到真理的信仰，創造的強大力量。

思考對策：活在當下、命運不轉心轉、把夢想融入現實裡

藝術創作者選擇樹洞式的自言自語，還是書簡式的與世界環境、其他藝術表現互動，承載社會使命？為藝術而藝術和為人生而藝術究竟是永不相關的平行線，還是可以交錯共融，匯通有無的網路線？

中秋望月，蘇軾徘徊出世與入世、進與退之間，最後歸結的答案是「起舞弄清影，

何似在人間？」接受悲歡離合總無情的事實，瀟灑地起舞自娛，那樣的生活很單純，心情很自在，不就是美好理想的境界嗎？

自我，未必要遠離人群；自由，絕非沒有邊際設限。在現實磨難裡承擔責任，以雙手解決問題的修行才是最驕傲的夢想；能夠抱著既超然物外又沉浸於其中的興味，置身的生命才能顯現真實的熱情。所以，史懷哲走向非洲解救苦難；賈伯斯創造蘋果改變全球模式；巴布．狄倫始終抱著吉他、咬著口琴，記錄對世界與時代的觀察，以及一個藝術家對人類文明的批判與忠告。

❖延伸思考寫作站

題目一

閱讀甲（佛羅斯特Robert Frost〈未行之路〉）、乙（王安石〈遊褒禪山記〉）二文，分項回答下列問題。

問題（一）：二文作者分別表達了怎樣的體悟？請加以描述。文長限一百字以內（至多五行）。（占七分）

問題（二）：甲、乙二文都涉及一段人生的省思或啟示，請以「自己的路」為題，寫一篇文章，回顧你成長過程中的選擇經驗與感想。（占十八分）

（一〇八年大學入學考試中心研究用試卷）

題目二：

閱讀下面的文字，根據要求作文。

有一種觀點認為：作家寫作時心裡要裝著讀者，多傾聽讀者的呼聲。

另一種看法是：作家寫作時應該堅持自己的想法，不為讀者所左右。

假如你是創造生活的「作家」，你的生活就成了一部「作品」，那麼你將如何對待你的「讀者」？

根據材料寫一篇文章，談談你的看法。

【注意】：①立意自定，角度自選，題目自擬。②明確文體，不得寫成詩歌。③不得少於八百字。④不得抄襲、套作。

（二〇一九大陸高考浙江卷）

蛻變經歷，求道悟道
——赫曼·赫塞《流浪者之歌》

思考焦點：生命的苦惱是？如何離苦得樂？人生追求的目標是什麼？為什麼追求？如何跨越無常而達永恆？如何讓自己成為有智慧的人？

❖今天讀什麼？

赫曼·卡爾·赫塞（Hermann Karl Hesse，一八七七—一九六二年），德國詩人、小說家，一九四六年獲得諾貝爾文學獎。

赫塞生長在傳道士的家庭，外祖父和父母都是將德國新教傳到印度的重要大將，因此他從小就對東方和印度有一定的接觸與理解。早熟、神經質、自閉、壓抑的他無法忍受神學院而逃離，輾轉到機械廠當學徒、到書店和古玩店擔任店員，精神狀態不穩定，且與父親關係疏離。

文學成為他逃避的港灣，在大量閱讀歌德、狄更斯、易卜生、左拉等人的作品之間，開始練習寫作，自費出版詩集《浪漫之歌》、散文集《午夜後的一小時》，文字細膩，深具浪漫美感，直到二十七歲出版長篇小說《鄉愁》才一舉成名，走上專業創作的道路。

他兩度婚姻失敗、經歷兩次世界大戰、歐洲蕭條，因此作品如《徬徨少年時》反覆描寫知識分子「孤獨」，追求自由超越世俗的意念。為此，他到印度旅行，探索古老文明的哲學思想，完成《印度紀行》和長篇小說《流浪者之歌》。同時浸潤於榮格的精神分析學，尋求解放精神的途徑。晚年隱居於瑞士盧加諾湖邊十幾年。

赫塞作品除富有濃厚的東方色彩，同時承襲德國成長小說的傳統，習慣以人物尋求真理，或某個目標的痛苦過程，演繹命運與衝突之間的願望，如《鄉愁》、《車輪下》、《徬徨少年時》等。

書摘

「我也很高興再看到你。你曾守護我的睡眠，我要再次謝謝你，雖然我不需要護衛。你要去哪裡啊，我的朋友？」

「沒有要到哪裡去。除了雨季，我們僧人總是在路上，我們總是從一地移動到另一個地方，依循規矩生活，傳播佛法，接受布施，然後再繼續走下去。一直都是如此。你呢，悉達塔，你要去哪裡？」

悉達塔說：「我的情況和你一樣，朋友，沒有要到哪裡去。我只是走在路上，去朝聖。」

葛溫達說：「你說你要去朝聖，我相信你。但是請原諒我這麼說，悉達塔啊，你看起來不像朝聖者。你穿著富人的衣裳，你穿著上等人的鞋子，還有你的頭髮，聞起來有香水的味道，這不是朝聖者的頭髮，不是沙門的頭髮。」

「的確，親愛的朋友，你看得仔細，你銳利的雙眼看到一切。然而我並未對你說我是個沙門，我說我要去朝聖，如此而已：我要去朝聖。」

「你行腳朝聖，」葛溫達說：「但是很少人穿著這樣的衣裳去朝聖，很少人穿著這樣的鞋子，梳著這樣的頭髮。我行腳已經許多年了，還從未遇過這樣一個朝聖者。」

「我相信你，我的葛溫達。但是現在，今天，你就看到這樣一個朝聖者，穿著這樣的鞋子和袍子。你記得的，親愛的朋友：形體的世界是無常的，最無常的就是我們的袍子，頭上的帽子，還有我們自己的頭髮和身體。我穿著富人的衣裳，你看得沒錯。我穿著這身衣服，因為我曾是個有錢人，頭髮就像個世俗人和紈褲子弟，因為我曾是其中之一。」

「那麼現在呢，悉達塔？你現在是什麼？」

「我不知道，我所知道的和你一樣少。我在行腳朝聖的路上，我曾是個有錢人，但再也不是；我明天會是什麼，我也不知道。」

「你失去你的財富了嗎？」

「我失去財富，或者說財富失去我。財富已經不在我手上，形貌之輪快速轉動，葛溫達。婆羅門悉達塔何在？沙門悉達塔何在？富人悉達塔何在？無常之物快速轉變，葛溫達，你知道的。」

葛溫達看著青年時期的朋友，眼中有所懷疑。於是他有如面對尊貴之人一般向悉達塔告別，踏上自己的道路。

＊＊＊

我的生命確實奇妙，他想著，繞著一條奇妙的路。當我還是個小男孩，和我相關的只有神與祭祀；少年的時候只有齋戒、思考、冥想可做，追尋梵的境界，崇敬梵我的永恆；等我長成年輕人，苦行僧的生活吸引了我，生活在森林裡，忍受酷熱和霜凍，學會忍飢，學著讓我的軀體死去。然後我奇妙地聽聞偉大佛陀的心法，對世界整體的覺知在我體內環繞，有如我自己的血液。然而我依然必須離開佛陀和他偉大的思想。我從卡瑪拉那裡學到情慾，向卡瑪司瓦米學習從商，累聚金錢，浪擲金錢，學會珍愛自己的肚皮，學會寵愛自己的感官感受。我必須這樣度過許多年，失去性靈，忘記如何思考，遺忘「整體」。難道不是如此嗎？我慢慢繞了一大圈，從男人變成一個孩子，從一個會思考的人變成童稚之人？但是這條路繞得真好，而我胸中那隻鳥兒並未死去。好一條路啊！我非得經過那許多愚行，那許多累贅，那許多錯誤，那許多厭惡、失望和哀嘆，只是為了重新變成一個孩子，好讓我重新開始。不過這是正確的，我的心讚許，我的眼睛都因此笑開了。我必須經歷絕望，我必須沉淪到產生那個最愚蠢的念頭，自殺的念頭，才能體驗到恩慈，才能再度聽聞「唵」，才能再度睡好覺而後好好醒來。我必須先變成一個愚痴之人，才能在我之中重新發現梵我；我必先犯戒才能重新活過。我的道路還會將我引向何處？這條路是愚痴之路，這條路拐了彎，也許根本就繞著圈子。不管路怎麼前行，我都要走上這條路。

他感覺胸中喜悅美妙地膨脹。

那又是為了什麼，他的心質問著，你這般喜悅從何而來？是因為那長而香甜，讓我感到非常舒暢的這一覺？或是因為那個我說出口的「唵」？或著因為我已掙脫，我的受業圓滿，我終於又自由了，像個孩子站在天空下？這種脫逃和自由是多麼美好啊！這裡的空氣多麼純淨和甜美，呼吸多美妙！我逃離的那個地方，那裡聞起來四處都是油膏、香料、酒氣、無度、怠惰。我是多麼痛恨這個富人的世界，老饕和賭徒的世界！我有多麼憎恨我自己，恨自己在這個可怕的世界停留了那麼久！我多麼憎恨我曾經掠奪過自己，毒害、迫害自己，讓自己變得又老又醜惡！不，我將不再幻想悉達塔有智慧，不再像從前喜歡想像的那樣。但是如今我停止憎恨我自己，停止用那愚痴而貧乏的生活糟蹋自己，這我做對了，我喜歡這樣！我讚美你，悉達塔，在多年愚痴之後，你又重新有了想法，做了一些事，聽到你胸中歌唱的鳥兒，並且跟隨了牠！

＊＊＊

悉達塔從這條河學會永不休止，這河特別教會他傾聽，以沉靜的心傾聽，以等待、開放的心靈去聽，不帶狂熱，沒有期望，不加批判，不生想法。

他和瓦蘇德瓦情同手足地一起生活，有時彼此交換隻字片語，很少但都是經過深思的話。瓦蘇德瓦不是言語之友，悉達塔很少能打動他說話。

有一次悉達塔問他：「你可曾也從河流學到一個祕密：其實根本沒有時間？」

瓦蘇德瓦的臉浮起一抹明亮的微笑。

「是的，悉達塔，」他說：「你的意思是說這條河到處都看得到，不管在源頭還是在河口，在瀑布還是在渡口，或是急流，在海裡，在山間，到處都看得到，對這河而言只有當下，沒有過去的陰影，沒有未來的遮掩？」

「正是如此，」悉達塔說：「我學到這個祕密的時候，我看著自己的生命，那也是一條河，男孩悉達塔、壯年悉達塔和老朽悉達塔只以陰影分別，卻沒有真實的界線。悉達塔的前世也沒有過往，他的死亡和回歸梵並無未來。一切在過去是空，也將成空；一切都存在，一切皆有真性及當下。」

悉達塔愉快地說著，這個醒悟讓他深感喜悅。噢，難道一切苦不都是時間？所有的自我折磨和自我恐懼皆是時間，一切重擔，世間所有敵意都會離去，都會被克服，只要克服時間，只要不去考慮時間。他愉快地說，瓦蘇德瓦只是對他燦爛地微笑著，沉默地點頭表示贊同，用手輕拍悉達塔的肩膀，然後回到工作上。

節錄自《流浪者之歌》（赫曼．赫塞／著；柯晏邾／譯），二〇一三，遠流出版

❖ 經典放大鏡

解構文本脈絡

悉達塔離開王宮，走上朝聖之路，追求解脫→悉達塔經歷沙門苦行、走入縱慾、致富的大千世界，領會皆為幻象→悉達塔來到河邊擺渡，學習傾聽→頓悟萬物無過去，萬物無將來之理

圖說核心概念

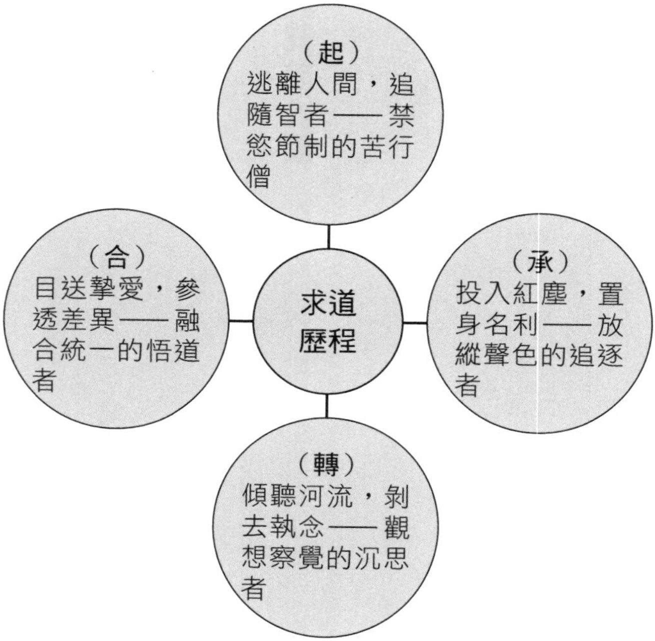

（起）
逃離人間，追隨智者——禁慾節制的苦行僧
（承）
投入紅塵，置身名利——放縱聲色的追逐者
求道歷程
（轉）
傾聽河流，剝去執念——觀想察覺的沉思者
（合）
目送摯愛，參透差異——融合統一的悟道者

深度解析文本內涵與意義

《流浪者之歌》，又名悉達塔求道記，是根據釋迦牟尼（姓喬達摩，名悉達塔）故事創作的小說。悉達在梵文的意思是「完成」、「一切功德成就」、「意義成就」，悉達塔的意思是「一個達到人生意義的人」。

釋迦牟尼是西元前六世紀的印度王子，二十九歲出巡遊時見老人、病人、死者和修行者，深感人間生老病死的苦惱。為了尋求解脫，他出家求道，歷經教義和教規過梵行生活、六年修苦行、走遍恆河，大徹大悟為佛陀。小說裡的喬達摩是佛陀，悉達塔是未開悟之前的佛陀，故事講述的重點正是佛陀如何追求自我、找到人生智慧的歷程。

悉達塔出身為婆羅門王子，在家人關愛下，接受父執輩、名師啟迪，體會內在靈魂和諧、與宇宙合一的精神境界。但他質疑依賴世代傳承的學問，向外求的知識，是真正的智慧嗎？每天滌洗罪孽，真能去除靈魂的汙穢嗎？於是他捨棄婆羅門的繁文縟節，走入禁慾的沙門行者，輕蔑財富、美色，視所有歡愉美麗為幻夢。

三年之後，他察覺沙門追求的終極目標是去除執著的圓滿，「萬事皆空，沒有渴求，沒有願望，沒有夢想，也沒有苦和樂」。然摒棄世俗慾望、肉體和自我的手段其實是逃避，而所謂的內心寧靜就像喝酒，不過是暫時麻醉，生命的荒謬與苦痛依然存在。於是離開苦行，與葛溫達追隨已了脫生死悲苦的聖者喬達摩（即佛陀、活佛），學習消解貪嗔癡慢，斷盡煩惱之苦的方法。葛溫達深喜得智慧，然而悉達塔再次覺得這些規則並不包含自身體驗，只是表面的學習；無法傳遞覺醒的體驗，不是自己想要的智慧之路。

於是，悉達塔不再以遠離芸芸眾生，否定一切的方式修行，而以走入這神秘的人間做為第三階段的追尋。他沉浸在物質世界，「從卡瑪拉那裡學到情慾，向卡瑪司瓦米學習從商，累聚金錢，浪擲金錢，學會珍愛自己的肚皮，學會寵愛自己的感官感受。」同時學會尊重每一個人的生命價值，活在當下，感受自然聲色和時間。二十年間，他沉浸於富貴享樂卻患得患失，以賭博酗酒麻痺卻越覺愚昧絕望，離初心越來越遠的他，再一次選擇離開。

和以前的高僧學者不同，船夫並不教悉達塔道理，不把自己的體悟加諸其上，只是鼓勵悉達塔傾聽河水說的話。船夫說，人們匆匆趕向下一個目的地，這條河對大部分過河的人而言，是障礙，只有極少部分人會停下來傾聽河。這時候河不是障礙，而是神聖。

河流是鏡子，是精神投注的某個物質世界的點。悟道的著力點，可以是一花一木、一石一僧，也可以是女人教的愛情、商人教的財富、那少言少語專注傾聽的船夫。悉達塔第一次見船夫時，心裡想的是下一個目標，不斷超越他人，追求更高成就，但在他忍旁人所不能忍，到達不吃不喝不睡依憑意志活著的境界時，卻沒有死後重生的歡喜，心靈更無法感受「唵」字所代表的完美統一及平靜和諧。孤獨感催促著自我追尋的路，無法解謎的困惑推動著確認意義的辯證。再度來到河邊的他，經歷苦行僧、情人、商賈、朝聖者的角色，放下引以為傲的本領：「齋戒——等待——思考」，明白死亡是新生的開始。

追求人生智慧的路上，悉達塔經歷冥想、禪定、辯論、自我毀滅、讀經修道，在一次又一次提出質疑中，走向另一個旅程。每個階段的追尋都是為了解惑、為了找到適合自己的道路和自我定位，也在全心投入的過程裡，由外在的語言、經書、禁慾、逐慾之後，一步步喚醒內心，頓悟不斷流逝的河水是時間，是生命，「一切在過去是空，也將成空；一切都存在，一切皆有真性及當下。」

對照組是自小的好朋友葛溫達，他照著所有沙門單一而既定的階段，「依循規矩生活，傳播佛法，接受布施」，走在形式的求道之路上。席特哈爾塔一直在未完的過程中，「沒有要到哪裡去。我只是走在路上，去朝聖。」葛溫達兩度遇見席特哈爾塔都認不出這兒時的老友，是因為他看到的是穿著富人華衣的外表，執著在富貴之衣非朝聖修行者。

葛溫達認不出河邊沉睡的悉達塔、渡船的悉達塔，因為他「總是只想所找的東西，因為他有一個目標，因為他受這個目標支配」，因此他無法「自由自在，開放隨意，沒有目標」的發現多變事相背後的不變真理。

人生不過是一個一個目標的完成，其中發生的波折、磨難與經歷都是過程。一個段落的結束，便是下一個篇章的開始，悉達塔在一次又一次的離去中，開始新的經歷，也由反思透視自我，發現意義之所在。

這本書就像《小王子》，每個人都可以在其中找到自己，無論是跟著悉達塔在流浪的路途，與遇見的人事物景交織出悲歡離合，處於盈虛順逆無常間的苦樂糾結、迷惘無奈；或是困於親情、友情、愛情、事業、生死疑惑之間，都能堅信我們這樣固執地尋覓著，其實是尋覓自己。

❖ 跨域思考地圖

建立概念

神話學家約瑟夫．坎伯在《千面英雄》提出英雄旅程基本敘事模式：「從平凡世界冒險進入一個非常世界——得到了神話般的力量，並取得了決定性的勝利——英雄帶著某種能力從這個神秘的冒險中回來，和他的同胞共享利益。」

啟程（或隔離）、啟蒙（或下凡、神化）、歸返，雖是神話英雄的探索之旅，也是悉達塔流浪追尋、得到貴人相助、悟道的歷程。從另一個層次觀看，每個少年的成長、生命的蛻變都遵循英雄出發、歷險、回歸的循環，也莫不在經歷艱辛的身心痛苦試煉之後得到救贖，在旅程的結束時得到昇華轉變，超越世俗的成就。

「走自己的路，讓別人說去吧！」這是但丁在流放異鄉後寫下長篇詩歌《神曲》的一句話。與《流浪者之歌》中，悉達塔對活佛的論點：「他的偉大不在於言論，不在於思想，而在於行動，在於生活之中。」都啟迪我們：生命之路不在前人的經驗裡，也不在書本上，而在帶著疑惑與勇氣的出發。

《神曲》裡中年男子誤入一座黑暗的森林（象徵罪惡），在一座小山腳下，有三隻猛獸攔住去路，一隻母狼（象徵貪慾），一隻獅子（象徵野心），一隻豹（象徵逸樂）。男子若無法煉獄中歷經滌洗傲慢、嫉妒、憤怒、懶惰、貪婪、懲罰暴食、色慾人類七大罪過，便不能達到伊甸園（地上樂園）。

成長的意義在於個體尋找自我的過程，藉由心靈在現實世界中的碰撞體以體會生命的各種價值，形成完整的人格，獲得自我了解。蕾秋．喬伊斯《一個人的朝聖》、溫斯頓．葛魯姆《阿甘正傳》、保羅．科爾賀《牧羊少年奇幻之旅》、切．格瓦拉《革命前夕的摩托車之旅》……無數文學作品都以英雄旅程的模式展開冒險、發現的路程，也由不斷挫敗、險難之中，與最深層的自己相遇，找到生命的定位。

思辨指南針

這是十八世紀德國理想主義下的成長小說，兼具文化和哲學內涵。擅長描繪人類精神領域的赫曼．赫塞，常以「雙極思維」、「對立統一」的辯證手法創造作品。一九四六年諾貝爾文學獎讚辭中便如此寫著：「那些靈思盎然的作品，一方面具有高度創意與深刻洞見，同時也象徵古典的人到理想與高尚的風格。」

以兩個自我對立辯證為情節主線的《流浪者之歌》，透國悉達塔經歷極端的苦行與縱欲，由驕傲、自負、迷失於貪嗔癡慢的物質，思索「道」得自出世／入世？存在於隔絕環境／親身經歷？還是誦經聞教／現實試煉？而後透過擺渡人的引導觀察河流，了解時間的秘密，明白「自我」是與外在世界、與萬事萬物融合為一，最終縱浪大化中，找到永恆的自我。

尼采《查拉圖斯特拉如是說》：「在成就偉大之前，先要尊重一事無成的自己。」人生是否有意義？人為何而活？要活成什麼樣才不枉此生？端視個人對人生的思考，以及探求存在感的過程中，把自身定位在何處。

思辨問題一：

河流讓孔子感慨人生世事變化之快，以「逝者如斯夫，不舍晝夜」比喻時間像流水一樣不停地流逝，一去不復返。試分析河流與悉達塔的悟道有何關係？悉達塔由傾聽河流之聲所悟的道理，與孔子的體會有何不同？

觀點對話

河流是生命的本源，它永無休止流動的狀態，自高山流過平原滋養萬物的德澤，以及液體氣體固體的變化，素來是哲學家所觀想的對象。孔子看見水的變，時間一去不返，寓含把握生命之理。悉達塔關注的不是河流的表象，而是傾聽河水的聲音，因此他發現變與不變、動與不動、皮相與本質，以及萬物皆然的狀態。

在那瞬間，河流就是悉達塔的思維，河流的聲音其實是心裡的聲音，思考的聲音。他看見「富有而高貴的悉達塔變成划船的夥計，博學的婆羅門席特哈爾塔變成船夫」，年少到顏色枯槁、容貌變異的自己，不同階段中自我紛雜的面貌和狀態，明白自己的生命就是一條河流，時間其實沒有過去、未來，一切都是現在，只有本質和現在。每一刻都是全新的當下。沒有生滅，便沒有對立，更不會有孔子對消逝的傷悲，而達到不憂不懼，一統和諧的境界。

思辨問題二：

「離苦得樂」的追求是可能達到的結果嗎？如何從苦樂中解脫？

苦樂是相對的，也是相當個人化的主觀認知，因此是否能離苦，能否透過追求而得樂，也是因人而異的結果。可以確定的是大多數人窮其一生努力的動機不外乎得到成就感、榮譽感或過程之間的心靈快樂，也為遠離當下或過去、未來之苦。

不過，就心理學而言，小樂與大樂比較後，還會覺得快樂嗎？又或者樂的感覺、引起樂的人事產生變化或失去時，還會樂嗎？如此看來，小樂之後是小苦，隨大樂而來的是大悲，因此在修禊雅會仰觀俯察天地之盛的小樂之時，王羲之突然興起「向之所欣，俯仰之間，已為陳跡」的小悲之慨；在「情隨事遷」小悲之上，是「況脩短隨化，終期於盡」的大悲。

如果能洞悉因為感官、因為外在事物悸動是一時的感覺，便能明白苦樂的情緒如風，起伏不定也飄忽易逝。其次，苦樂的疲憊感、適應感、空乏感，讓人需要更強烈的刺激，更鮮活的觸發，惡性循環之下，終限於恢恢惘惘的迷失，渾渾噩噩的盲目無措。唯有停止向外追逐，定心於當下，才能達到無苦無樂的平靜。

思考對策：不斷質疑當下的狀況，找到方向，勇敢踏出舒適圈

威廉．德雷西維茲《優秀的綿羊：耶魯教授給二十歲自己的一封信，如何打破教育體制的限制，活出自己的人生》中，描繪許多美國名校高材生的通病：「朝同樣方向前進，能把事情做得很出色，卻不知自己為何要做。」這是因為當前的教育體制就像生產工廠，優秀的「人生勝利組」只敢順從地朝同一方向前進，甚至與社會脫節。

因此，要明確掌握生命，首要了解自己的優缺點，對目前狀況不滿意之處，建立初步方向。其次，預想歷程、風險及準備，盤點資源、有利環境，排列出步驟與行事歷程。最重要的是永遠不滿足既有的成就，具備承擔失敗、接受建議的風度，以鍛鍊創新且獨立的思考。

❖延伸思考寫作站

題目一

曾永義《愉快人間》說：「為了『人間愉快』，就要『人間處處開心眼』，就要具備擔荷、化解、包容、觀賞等四種能力，達成『蓮花步步生』的境界。」這是一段充滿生命智慧的哲思。「人間愉快」，可以是敞開心胸、放寬眼界的自得；可以是承擔責任、化解問題的喜悅；可以是對周遭事物的諒解和包容；可以是觀照生活情趣的藝術；也可以是……。請根據親身感受或所見所聞，以「人間愉快」為題，寫一篇完整的文章，記敘、抒情、議論皆可，文長不限。

（一〇二年學測）

題目二

《夜間飛行》中，飛行員法比安的太太對即將飛向天空的先生說：「會有好天氣，你的路上鋪滿星星……。」我們不知道是否有好天氣，但期待的祝福卻能讓我們懷抱希望和勇氣。飛行員會在在星空中迷航，找不到回程的道路，但如果他傾聽滿天星星，或許會明白星空探索，充滿了各種可能。

在你的生命中，是否如悉達塔因為全心全意的投入每個歷程，而有種種體悟；在迷失徬徨間，感受種種情緒。請以「發現」為題，敘寫你成長的經歷感受，及所見所聞的體悟。

疏離孤獨，告別送行
——威廉．福克納《我彌留之際》

思考焦點：活在世上的唯一理由，就是為死亡做漫長的準備？還是一種經歷各種得失、試煉，悲歡離合煎熬的修行嗎？

❖今天讀什麼？

威廉．卡斯伯特．福克納（William Cuthbert Faulkner，一八九七—一九六二年），美國小說家、詩人和劇作家，美國南方文學及意識流文學代表。與同時代的海明威在創作風格、手法、題材大不相同，相同的是都曾獲諾貝爾文學獎，並稱二十世紀美國文學巨匠。

福克納是蘇格蘭後裔，出生於密西西比州新奧爾巴尼沒落的莊園主家庭，除卻短暫遊歷歐洲，一生中大部分的時光都在這個小鎮度過，因此作品大多以此地為背景。曾祖父早年當過律師，參加過美墨戰爭，在南北戰爭時組建私人軍團對抗北軍，戰後轉而建造鐵路致富，這傳奇的經歷成為福克納系列創作的原型。不過這段風光至父親時便褪色消沉，輾轉成為火車司機、乘務員、司爐工。家族的興衰史讓他看見社會的變遷，預見南方農業社會迅速解體的歷史趨勢，提供他源源不絕的創作素材。

他被西方文學界視為「現代的經典作家」，著有十九部長篇小說、一百二十五篇短篇小說、二十部電影劇本。福克納作品大多以出生地密西西比州為背景，以農民自居的他絕大多數的短篇故事都發生在約克納帕塔法縣，稱為約克納帕塔法世系。他以不同社會階層的若干家族幾代人的故事，在各個長篇、短篇小說中交替出現，建構出獨立戰爭前到二次世界大戰後美國南方社會變遷的歷史。

諾貝爾獎讚詞中對於他在表現手法上的突破給予極大的肯定：「很少看見他有兩部小說採取類似技巧，他似乎想憑藉著不斷創新，以達到在地理上、題材上，這個有限世界所不能給予他不斷擴充的廣度。」福克納擅長以內心獨白、意識流的手法，大量運用象徵、隱喻、不拘時空順序的方式，讓人與人、事物與事物、過去與現在對照間產生無限意義。

他最著名的作品有描寫望族沒落、成員精神狀態和生活遭遇的《喧譁與騷動》；運送妻子靈柩安葬途中經歷種種磨難的《我彌留之際》；孤兒在宗教和種族偏見凌虐下悲慘死去的《八月之光》等，都被列入二十世紀一百部文學名著，美國學校必讀作品。

書摘

那是我見過最動人的事了。他彷彿確知再也見不到母親，彷彿安斯．邦德倫是把他趕離母親臨終的床榻，不讓他在這個世界再次見到她。我總說達爾跟其他那些孩子不一樣。我總說他是他們當中唯一遺傳了母親天性的人，也是唯一天生擁有情感的人。有情感的不是那個珠爾，那個她從懷胎、襁褓到後來即便寵愛都得如此費心，卻動不動就鬧脾氣或生悶氣，或開一些過火玩笑耍弄她，得要我偶爾找他麻煩才停止的傢伙。來向她道別的也不是他。為了與母親吻別而錯過賺三塊錢機會的人也不是他。他徹頭徹尾是個邦德倫家的人，誰都不愛，什麼都不在乎，只想著如何透過最少的付出得到一些好處。涂爾先生說達爾要求他們再等等。他說達爾幾乎是跪下來，求他們別在母親這種狀況下逼他離開。但說什麼都沒用，安斯和珠爾就是要賺那三塊錢。只要是認識安斯的人都不會指望他有其他表現，但想想那個男孩，那個珠爾，就這麼白白享受多年來母親為他做的自我犧牲，以及十足的偏愛——他們無法誤導我的：涂爾先生說邦德倫太太最不喜歡珠爾，但我比他更清楚真相。我知道她偏愛他，而且正因為安斯．邦德倫跟他個性相像，她仍對他如此忍讓；即便涂爾先生說，應該把這個為了三塊錢而放棄與垂死母親吻別的傢伙毒死。

＊＊＊

我們繼續前進，馬車行進時吱嘎作響，泥水全潑濺在輪子上。佛爾農還站在那裡。他望著珠爾經過，那匹馬前進的步態輕巧、膝頭抬得老高，不過距離他還有三百碼。我們繼續前進，以一種無比昏沉、夢境般的動態，彷彿無法推斷出正在前進的結論，彷彿在我們與目的地之間縮減的不是空間，而是時間。

道路往右側拐過去，上週日留下的輪轍現已癒合消失，只留下一道平滑的紅色紋路蜿蜒深入松樹林；前方出現一塊白色路標，上頭文字已褪色：新希望教堂，三英里。馬車沿著道路往高處駛去，像被一隻手從寬廣荒蕪的大海中抬起，沒有其他動靜；而在馬車之外，紅色道路彷彿車輪輻軸，而愛笛．邦德倫則是輪框。馬車駛過那塊路標，什麼都沒發生、沒留下任何跡象，白色路標彷彿別開了臉，別開了自己褪色但恬靜的聲明。凱許沉默地抬頭望向道路，他的頭在經過時隨著路標旋轉，彷彿貓頭鷹的頭，而表情自制。爸直直望著前方，駝著背。杜威．戴爾也望著路，然後轉頭看向我，她的雙眼警覺、排拒，不像之前有陣子在凱許眼中燃燒的那種質問火焰。路標已經過去了；毫髮無傷的道路繼續在輪子下延展。接著杜葳・戴爾轉頭。馬車吱嘎前行。

凱許對著輪子吐口水。「要沒幾天，屍體就會臭了。」他說。

「你去跟珠爾說呀。」我說。

他現在沒有其他動靜，就坐在正往前行的馬背上，身體挺直，眼睛望著我們，幾乎像是在他面前高舉著褪色降書的那塊路標。

「用這種方式長途騎馬，是沒辦法平衡的。」凱許說。

「你也把這事拿去跟他說呀。」我說。馬車吱嘎前行。

又過了一英里後，他超越我們，那匹馬弓起脖子，被韁繩穩定控制的牠踱著迅捷步伐。他在馬鞍上的坐姿輕盈、自若，身體挺直，臉彷彿木頭打的一樣，那頂破掉的帽子以驚人的角度斜戴在頭頂上。他快速超越我們，也沒看我們一眼，馬繼續往前進，蹄子踩在泥地上嘶嘶作響。一團泥土往後飛越後濺到棺材上。凱許向前傾身，從工具箱中拿了把工具，小心撥開泥土。等我們經過白葉河後，他折斷一條樹枝，用溼葉子擦洗留在棺材上的汙漬。

* * *

所以我接受了安斯。當我知道自己懷了凱許，我才知道活著如此可怕，而這孩子正是我受到的懲罰。當時我才知道語言一點也不好；那些詞彙從未符合其中試圖傳達的意思。當他出生時，我知道「母愛」是某人不得不找個詞來形容，才發明出來的詞彙，因為真正有了孩子的人根本不在乎有沒有那麼一個形容的詞彙。我知道恐懼是由從未感覺恐懼的人發明出來；驕傲也一樣。我才知道活著一直以來都很可怕，不只因為學生們的髒鼻子，而是我們必須透過語言去使用彼此，就像許多蜘蛛透過嘴裡吐出的絲線吊在一根竿子上，然後牠們擺盪、扭曲著身體，但彼此從不碰觸，而唯有透過鞭條抽打，我的血才能和他們的血匯流。我才知道活著一直以來都很可怕，不是因為我的孤獨每天都必須不停、不停地受到侵犯，而是因為直到凱許來到之前，我的孤獨從未受到侵犯。就連安斯在那些夜晚也沒這麼做過。

他也有個詞彙。愛，他就是這麼稱呼的。但我早已經習慣這些詞彙好長一段時間了。我知道這個詞彙就跟其他詞彙一樣：只是一個用來填補匱乏的空殼子；而只要對的時刻到來，你不會需要一個詞彙去形容，就像你不需要驕傲或恐懼這些詞彙。凱許不需要這麼對我說，反之亦然，而要我說的話：就讓安斯去用那個詞彙吧，若他想這麼做的話。所以無論那份情感是叫作安斯還是愛，愛還是安斯，總之都無所謂。

我還是會不停地思考，即使我在一片黑暗中躺在他身邊，而凱許就睡在我伸手就能搖動的搖籃裡。我還會一邊思考，一邊想若他醒來後哭泣，我就給他餵奶。安斯還是愛？總之都無所謂。我的孤獨已受到侵犯，接著又因為受侵犯而完整：時間、安斯、愛，你要怎麼說都行，反正都在屬於我的這個密閉循環之外。

然後我發現我又懷了達爾。一開始我簡直不敢相信。接著只相信我要殺了安斯。這一切彷彿是他對我的算計，他就像躲在紙屏風背後一樣躲在一個詞彙中，然後突然穿過屏風，從背後突襲我。但接著我明白，算計我的是比安斯或愛還要古老的語言，正如安斯也受到同樣的語言算計，而我的復仇就是讓他永遠不會知道我正在復仇。當達爾出生時，我要求安斯承諾在我死後把我帶回傑佛森埋葬，因為我知道父親以前說的是對的，即便當時他無法知道自己是對的，正如我當時也無法知道自己是錯的。

我父親說人活著就是要為了長眠做好準備。我最後終於明白了他的意思，也知道他不可能明白自己的意思，因為一個男人永遠不懂在事情發生後收拾好迎接死亡的家屋。所以我已經收拾好自己的家屋。我有了珠爾——我躺在燈旁撐著我的頭，望著他在呼吸之前就已覆蓋、縫補起我臍帶上的傷處——沸騰的野性血脈逐漸冷靜，沸騰的聲響也隨之止息。接著只剩下奶水、暖意和平靜，而我平靜躺在緩慢的沉默中，準備好收拾迎接死亡的家屋。

我為了抵銷珠爾，於是生了杜葳．戴爾給安斯。接著為了取代我從他手上奪走的孩子，又生了瓦達曼。而現在他有三個屬於他而不是我的孩子了。然後我已經準備好面對死亡了。

節錄自《我彌留之際》（威廉．福克納／著；葉佳怡／譯），二〇二〇，麥田出版

❖ 經典放大鏡

解構文本脈絡

愛笛彌留，大兒子為她做棺木，三兒子趕去送貨賺三塊錢→全家人送愛笛回傑佛森安葬，途中遇水患，大兒子腿受傷→屍體發出惡臭，引來禿鷹，二兒子放火燒穀倉→安葬愛笛，女兒被騙、二兒子被關入精神病院、父親裝假牙，帶回新太太

圖說核心概念

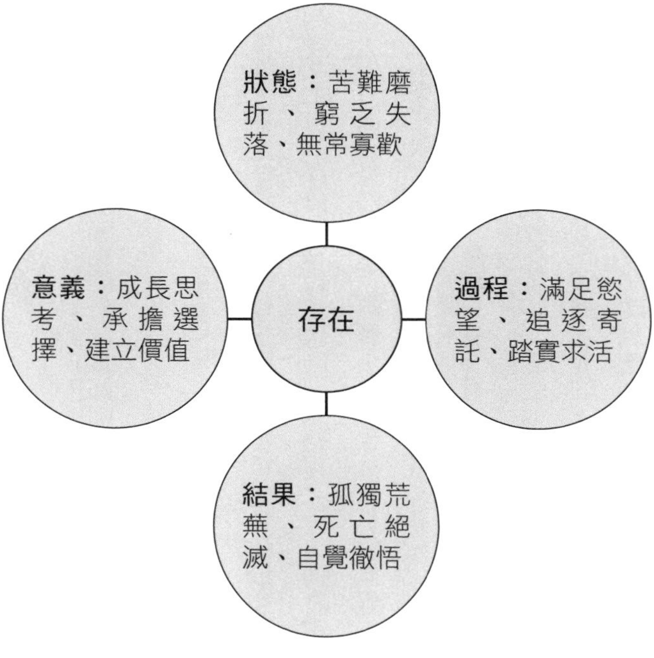
狀態：苦難磨折、窮乏失落、無常寡歡
意義：成長思考、承擔選擇、建立價值
存在
過程：滿足慾望、追逐寄託、踏實求活
結果：孤獨荒蕪、死亡絕滅、自覺徹悟

深度解析文本內涵與意義

《我彌留之際》是福克納自認最好的小說，也被許多評論家認為是高超意識流技巧的代表作，表現荒誕主義和後現代文學特有的風格。這本小說以十五位主角的多視角敘述與獨白的方式，描寫美國南方人事，表現出現代人的異化與孤獨。

故事的主軸是全家送母親愛笛回四十英里之外的娘家安葬，情節分為愛笛死前、送葬、到達葬地後三部分。這段遙遠的回家路程，一方面應證了「人生就是為死亡準備」的概念，另方面在炎熱夏天、經歷洪水、大火磨折的過程中，顯露每個人對送葬與死者的情感，和夾在艱難生存下慾望、孤獨的煎熬。

小說自愛笛躺在床上彌留十多天的情境開始，面對死亡，邦德倫一家人各懷心思。除了小兒子年紀太小完全不明狀況，一身木工好手藝的大兒子凱許一心要打造最完美的棺材；父親雖宣布送愛笛回鄉安葬的承諾，心裡想的卻是到鎮上裝假牙；女兒看似在旁搧扇子，實則暗打主意要去鎮上墮胎；珠爾打算趁母親死前跑一趟送貨的工作掙三塊錢；達爾對送葬到遠方的事一直心存疑惑，不斷詢問「還要去賺嗎」。

珠爾還是上路送貨了，結果因大雨趕回家時愛笛已過世。作者以充滿視覺象徵的畫面，抒發籠罩心底沉重的死亡陰鬱：「太陽再過一小時就要落下，像顆血淋淋的雞蛋擱在雷暴雲頂端；陽光已轉變成銅色：看了感覺不祥，聞了有硫磺味，還帶有閃電的氣息。」

一家人將愛笛的棺木抬上騾車，展開浩浩蕩蕩的返鄉旅途。其間歷經種種磨難：凶猛的溪流幾乎淹死的人與馬、棺木發出的屍臭引來鄰居議論與禿鷹盤旋。不斷拖長的苦難歷程中，長子凱許因為河水暴漲摔斷了腿；次子達爾因禿鷹盤旋，放火燒停放棺材的穀倉試圖火化，造成主人財產受損；珠爾被燒傷，連他打夜工賺錢買來的馬也被父親變賣。

到達傑佛森埋葬愛笛後，長子凱許的腿因為父親以建築石灰固定而更形嚴重；次子達爾精神失常，被妹妹舉報，關入精神病院；女兒悄悄尋求墮胎藥卻遭人誘拐。唯獨將全家帶入災難的爸爸毫髮無傷，不但裝了假牙，還在借還鐵橇時認識新太太，提著留聲機回到返家的車上，開始新生活。

生死無情，在這段送葬的路途中，邦德倫一家看似參與愛笛心願的最後旅程，實則被死亡陰影逼迫著面對私密的內心，承受精神的孤寂；在磨難與意外的摧折間觀看彼此的拉鋸戰中，不斷跨越界限。

父親安斯嘴裡最常念的「我是不願意欠別人情分的」、「上帝最清楚」，賦予這充滿意外的送葬旅程重情義的美德，但事實上，他與愛笛的結合不過各取所需，連重病都捨不得請大夫。愛笛終於嚥下最後一口氣，達爾眼裡的父親也沒有什麼悲傷反應，而是「爸呼出一陣細小但刺耳的鼻息，嘴巴將菸草緊貼上牙齦。『上帝的旨意將受到奉行，』他說：『現在我可以裝牙齒了。』」作者藉這個自以為坦然卻自私無愛、假上帝之名，恣意地搶奪子女一切的父親，演繹出動物性的存在狀態。

達爾的感受力特別細膩強烈，他羨慕得到最多愛的珠爾，理性冷峻地陳述分析現實，因此與整個環境格格不入的他在書中占有最多篇幅，獨白最多，如上帝的視角裡滲透作者帶入其中的觀點與立場。然而他意識到送葬的荒謬，看清生命卻依然無力反擊：「我們的生活是怎麼散落成這種無風、無聲，並由各種令人厭倦的姿態所令人厭倦地總結的生活呢：我們最終只是舊有衝動的回音，成為沒有線牽著也沒有手操弄的玩偶：在夕陽的背景下，我們陷入一種憤怒心態，如同玩偶只能擺出死氣沉沉的姿態。凱許斷了腿，而現在塞在玩偶裡頭的鋸木屑已經快要流光。他快要流血致死了呀是凱許呀。」對於媽媽的死，他說：「我始終沒有母親」、「因為，如果我有過母親，現在的存在就屬於過去。而如果現在的存在屬於過去，那現在就不會存在於現在了，對吧？」

珠爾是愛笛與牧師私通所生，也是她最疼愛的兒子，但背負著私生子陰影的他，自覺地與這一家人隔絕。馬，是他人格的外化，寡言孤僻、高傲固執粗暴的他冷漠以對愛笛的死，家人都坐在拉著棺材的大車裡，只有他選擇獨自騎著馬走在前方。但遇水患時他卻奮不顧身地搶救，拉車的騾子被淹死時，最鍾愛的馬匹被安斯擅自賣掉。對他而言，「他的母親是馬」。

大女兒杜葳．戴爾與年輕的採棉花工人發生關係，一路上想辦法墮胎卻再度被騙，怒火憤而加諸在知道祕密的達爾身上、挺身告密。小兒子達爾在愛笛死的那天抓了魚，被家人烹煮了吃，他一直認為媽媽是條魚。他相信達爾說：「等我們再次抵達水邊，我可能會在水裡見到她。」接受杜葳．戴爾說：「她在棺材裡。」於是他在棺材上鑽洞，讓媽媽可以從「鑽過洞跑進水裡，而等我們再次抵達水邊，我就會看到她了。我的母親沒在棺材裡。我的母親聞起來才不是那種味道。我母親是條魚。」

在五十九章中僅有一章是以愛笛為名的自述，在被宗教、習俗禁錮的南方農業文化下，曾是小學老師的她藉由對犯錯學生的鞭打懲戒，發洩被壓抑的狂野生命力和被箝制的孤寂；以與牧師生下珠爾爭取自由、叛逆的愛情，做為對空洞、虛假與欺騙婚姻的報復。她把安斯當死人，拒絕再與他有任何親近行為，也不在乎在「家」的騙局中，安斯如何運用語言來偽裝。這個徹底心死的女人，在鄰居眼裡：「她活著，但是個孤獨的女人，孤獨到只有自尊相伴，還試圖要其他人相信她過著更好的生活，隱藏他們只是在折磨她的事實。」

彌留在生死之間的意象，表面上是愛笛死前纏綿病榻的不甘與悲苦，也是為了刻畫曾經存在。每個角色在俗世生活中掙扎、奮鬥，精神層面逐漸被侵蝕而死亡的瘋狂、無奈和失落。這讓送喪的移動過程介乎空間與時間之間，既帶著與過去告別的意味，也有滯留在出神於過往或想像時空的恍惚與無能為力的眷戀。當各自以自我的方式承受罪罰，面對情感心靈的死亡，付出了身體與精神的代價之後，明白「為了活著，仍然選擇活下去面對苦難」的道理。

❖跨域思考地圖

建立概念

德國哲學家馬丁・海德格在「存在本體論」中提出人「為存在本身而存在」的理

論，也就是人必須不斷地親臨「存在」。基於人的存在具時間性，面對「死亡」終極狀態的存在，此時人才能思考存在的本質，而去追求「本真」的存在狀態。

在「不做選擇、不需負責，不自由的狀態」的存在狀態中，人消融「常人」中，在「安寧」中遺忘過去，而誤以為「現在」的一切皆是完美的。有些則惶惶然，卻又不知道自己所畏的是什麼，於是陷入「無家可歸」的狀態。正如《莊子．齊物論》裡所敘：人一旦稟受天地之氣而形成形體，就認為軀體是常駐不變的，一直揮霍到最後的耗盡才會罷休。和外物相接觸，有時衝突有時一致，其心意與行為追逐外物像在奔馳一樣不能止步，這不是很可悲嗎？一輩子勞勞碌碌而看不見成功，精神不振、疲於勞役而不知道歸宿，這不是很可悲嗎？這樣的人雖然還沒死，可活著又有什麼意義呢？

對窮困的人而言，死者已矣，活的人面對的是日復一日的生存考驗。高貴的情操、歌頌的親情，都不如實際的物質。「建一隻緊實的雞籠，還是比一棟劣質的法院來得好，結果就是當人們將兩者都建得很好或很糟時，都不是任何一方想讓另一方感覺好過或甚至難過。」就是華爾街股災、美國蕭條、農業為主南方頓時陷入窘迫衰敗時，農民實際而卑微的渴求。

評論家認為《我彌留之際》是美國版的《唐吉訶德》，邦德倫一家在送葬之旅中的種種行為，照出人性的醜陋與美好，偉大與卑微，而不失為與環境鬥爭的勇士。醫生在愛笛死前說道：「我可以感覺到她的眼神，彷彿她是要藉此把我推出去。我曾在其他女人臉上看過這種眼神。看過她們用這種眼神趕走對她們同情、憐憫，且真正想伸出援手的人，反而死守著對她們而言不過是運貨牲口、而且根本不可靠的動物。她們藉此表現出超越理解的愛：正是因為那樣的自尊及張揚欲望，我們會想掩藏難堪的赤裸樣貌，但明明我們總是這樣赤裸地進入產房，再頑固、憤怒地以赤裸之身入土。」

達爾說：「生命是在谷底創造出來的，再靠著舊有的怖懼、欲求及絕望給一路吹送上山丘。這就是為何你得靠雙腳走上山丘，才能再搭馬車下山。」如此看來，在奴役生存的狀態裡，空無一物的歸途，我們能驕傲的只有自尊，和以不妥協的固執守護，追求、探索生命裡自認為有價值的選擇。

思辨指南針

花開花謝歡樂難在，修短隨化形亡神亡，是生命本質。達爾眼裡：「你的出生必須仰賴兩個人，但死亡只要一個人就能辦到。世界就是這樣終結的。」走向死亡的路只能自己一人，看著所有生者退去遙遠的彼岸，內心翻滾的是不悔此生？還是浮生若夢？告別式禮俗上的入殮、火化、下葬、安墳，就像劉梓潔《父後七日》描述著行禮如儀的荒謬、繁文縟節的虛無，這是為死者安心，還是撫平生者情緒？

有人說「活著就是種修行」，也有人說「生活就是戰鬥」，無論人生是苦是樂都在於自己的感受與解釋。面對「芸芸眾生的命運就是受苦」，「通過各種磨難考驗來得救」的說法，愛笛不相信宗教信仰中的神能救人，也不認為心裡有罪，需要對上帝敞開胸懷接受神恩，因為對她而言：「我的日常生活就已經是認罪及贖罪了。」她唯一相信的是她最愛的珠爾：「他是我背負的十字架，也會是我的救贖。他會將我從水裡及火裡救出。就算我已失去生命而躺下，他也會拯救我。」

對世間的留戀，讓我們願意面對周而復始、單調繁瑣的生命；意識到自己肩負崇高的任務，讓我們願意承受巨石壓力，無怨無悔，甚至甘之如飴。那麼，即使死亡是最後的歸宿，我們也可以一笑置之，無所畏懼也了無遺憾。

思辨問題一：

如果「活在世上的理由僅僅是為長久的安眠做準備」，那麼，存在的意義是什麼？

觀點對話

電影《時時刻刻》中，維吉尼亞．吳爾芙的先生問：「為什麼小說裡的詩人一定要死？」吳爾芙的回答是：「唯有死亡，讓人正視生存。」因為知道死亡是必然的終點，人才懂得珍惜生活裡的點滴情事、身處的環境；因為明白生命是有限的，逼迫人必須做出選擇，思考價值，付諸行動。

曾被關進納粹難民營的心理學家兼精神科醫生維克多．弗蘭克，發現在絕望等死的集中營，能永不放棄希望存活下來的人，其共同的特徵是找到自己存活下來的那份「意義」。「活在世上的理由僅僅是為長久的安眠作準備」，這句話看似消極地否定了生命的美好和無奈的宿命，然而儘管「人在生存每一瞬間，都是在必然性掌握之中的被動工具。」（法國哲學家保羅．霍爾巴赫）每個人存在的意義都在自己手上，找到「人生目的」，便能「察覺到自我存在的意義」，而這份信念讓人有勇氣面對生命的荒蕪。

思辨問題二：

是枝裕和電影《下一站，天國》將故事設定在「前往天國的中繼站」，請每個亡者「回顧過去的人生，並在三天內選出一段最重要的回憶，帶著去到另一個世界。」推想這設計的用意是？

以此思考《我彌留之際》中，愛笛要求送葬到家鄉的目的是？告別式的意義？

觀點對話

與中國人喝孟婆湯，過奈何橋，忘掉今生今世，重新輪迴的思考不同，是枝裕和的電影溫婉地想讓死者帶著今生的回憶，或許能使離世的背影不那麼孤單。無論記憶是美好或滄桑，都是「可以證明自己活過」的方式，是害怕被遺忘或定義生命價值的憑藉。這或許和米奇．艾爾邦《在天堂遇見的五個人》相同，即使平凡孤單，一生乖逆，但在天堂裡遇見五個曾經出現在他生命裡的人，讓我們知道每一段人事的交會，都是豐富彼此的交集和生命的禮物。

《我彌留之際》中，從來就沒有真正被愛過的愛笛，提出死也不葬在先生、孩子存在的地方，要求全家陪著執行送葬的儀式，這是對丈夫終其一生都不知承諾與責任為何物的報復，是對應該「有福同享有難共當，至死不渝」之婚姻關係的嘲諷，也是詛咒和懲罰。這合乎書名《我彌留之際》來自荷馬《奧德賽》的涵義：阿迦門農回憶過往，提到外遇的妻子用劍刺殺自己，而他在垂死之際想要反擊。他告訴奧德修斯：「在我彌留之際，在我抵達冥界之前，那個有著狗眼的女人都不會將我的眼睛闔上。」

若死後有靈，告別式上見親友捻香哭泣，痛覺依依不捨，卻無法傳達對此生緣分的感謝之情；死後若無知，告別式不過是抒發生者之慟，慎終追遠之意。因此有人在生前辦告別式，降低陰翳的哀傷，而以聚會的歡喜表達珍惜。《非誠勿擾II》中不久於人世的李香山便是如此，趁著清醒時跟家人、朋友道別，然後有尊嚴地結束人生。

思考對策：活在當下、及時行樂、寄託宗教藝術或文學美學、追求榮譽和成就，求長生不老

面對凡人必死的宿命，宗教提出天堂地獄的審判來激使人保持人性之善，創造美好境界。這是書中鄰居寇拉說：「我為你生的孩子是吾主上帝送來的。我面對這一切毫無驚懼，因為我對主抱持堅定信仰，那信仰鼓舞著我、支撐著我。若你沒有兒子，那一定是主透過祂的智慧另有其喻旨。而我的人生無論現在或之前，始終都是一本敞開的書，祂所造萬物中的男女都能閱讀，因為我相信我的上帝，也相信我將得到的獎賞。」

哲學上的對應之道，或如莊子安於時運而生，順應自然而死，或如孔子「君子疾沒世而名不稱」、愛因斯坦所言：「人只有獻身於社會，才能找出那短暫而有風險的生命的意義。」努力發揮所長造福人群，成千秋之名，而不負此生。

李白〈春夜宴桃李園序〉中直人生苦短：「天地者，萬物之逆旅；光陰者，百代之過客。」點出秉燭夜遊，及時行樂以對抗如夢之浮生。至於養仙人王子喬之壽，借助醫學減緩病苦，延長生命在生物科技進步的今日已非夢想。

❖延伸思考寫作站

題目一

世上許多重要的轉折是在意想不到時發生的，這是否意味著人對事物發展進程無能為力？請寫一篇文章，談談你對這個問題的認識和思考。

要求：（一）自擬題目；（二）不少於八百字。

（二〇二〇年大陸高考上海卷）

題目二

資料甲

王羲之〈奉橘帖〉：奉橘三百枚，霜未降，未可多得。

資料乙

夫人之相與，俯仰一世，或取諸懷抱，晤言一室之內；或因寄所托，放浪形骸之外。雖取舍萬殊，靜躁不同，當其欣于所遇，暫得于己，快然自足，不知老之將至。及其所之既倦，情隨事遷，感慨系之矣。向之所欣，俯仰之間，已為陳蹟，猶不能不以之興懷。況修短隨化，終期于盡。古人云：「死生亦大矣。」豈不痛哉！

問題一：根據上述資料，王羲之所領會的生命苦樂各為何？

問題二：你認為這些苦樂的意義是？如何化解其苦？

法治人權

《老殘遊記》
《山椒大夫》
《好兵帥克》
《動物農莊》

貪官可惡，清官可怕

——劉鶚《老殘遊記》

思考焦點：清官比貪官可惡嗎？執法者不公不義時，百姓該如何捍衛權益，爭取合理對待？

❖ 今天讀什麼？

劉鶚（西元一八五七—西元一九〇九年），字鐵雲，筆名洪都百鍊生，後人稱之為「老殘」，清江蘇丹徒（今江蘇省鎮江市）人。

劉鶚出身官僚家庭，但不喜科場文字，年少時受教於以「教養」為大綱，「發展經濟生產，富而後教，養民為本」的太谷學說。廣泛研習醫學、水利、算學、天文等實際學問，並縱覽百家，留心西洋科學，以從事實業，完成太谷學派「教養天下」的目標。

個性放曠豪爽有奇氣的他，好結交朋友，曾在淮安府城南市橋開菸草店，因不善經營而歇業。繼而在江蘇揚州行醫，後改至上海合開石昌書局。光緒十四年河南省鄭州黃河決口，便投效巡撫吳大澂，參與治河有功，聲譽大起，被保薦以知府任用。鼓勵「洋為中用」的他曾上書建議借外資來修築鐵路，開採山西煤礦，興辦實業，使民眾擺脫貧困，國家逐步走向富強，卻被守舊者斥為漢奸。光緒二十六年義和團事起，八國聯軍入侵北京，他以低價向占領清政府太倉的俄軍購得儲粟，賑濟飢民，卻因而被控私購倉粟，流放新疆，病死於迪化。

劉鶚關注社會問題，熱衷於西方新興的科學技術，致力經濟、工業實學的眼光與作為可謂引領時代潮流之先。十九世紀中期以後黃河氾濫，疾病肆虐，具有學術專業長才的劉鶚，以其著有《黃河變遷圖考》、《治河七說》的博識技能，提出具體可行的方案。同時以搖串鈴走四方的郎中老殘形象寫《老殘遊記》，譴責政治弊端、反映民生百態。至於《鐵雲藏龜》更是第一部甲骨文集錄，奠定甲骨文研究基礎。

橫跨理工與人文社會專長的他若生在今天的世代，必然是斜槓代表，也是社會運動領導人物、研究學者、傑出的國際政治人才。

書摘

老殘在門口長凳上坐下，對老董說道：「聽說你們這府裡的大人，辦盜案好得很，究竟什麼情形？」

老董嘆口氣道：「玉大人官確實是個清官，辦案也實在盡力，只是手太辣些。初起還辦了幾個強盜，後來強盜摸著他的脾氣，這玉大人反倒做了強盜的兵器了。」

老殘道：「這話怎麼講呢？」

老董道：「在我們此府城西南角上，有個村莊，叫于家屯。那莊上有個財主，去年秋間，被強盜搶了一次。這家就報了案，經這玉大人極力的嚴拿，居然也拿住了兩個為從的強盜夥計，追出來的贓物不過幾件布衣服。那強盜頭子早已不知跑到那裡去了。誰知因這一拿，強盜結了冤仇。到了今年春天，那強盜竟在府城裡面搶了一家子。玉大人雷厲風行的，幾天也沒有拿著一個人。過了幾天，又搶了一家子。搶過之後，大明大白的放火。你想，玉大人怎可能依呢？自然調起馬隊，追下來了。

那強盜搶過之後，打著火把出城，手裡拿著洋槍，誰敢上前攔阻？到了天快明時，眼看離追上不遠了，槍也沒有，火也沒有。玉大人心裡一想，說道：『不必往前追，這強盜一定在這村莊上了。』又從東望西搜去，剛剛搜到這于朝棟家，搜出三枝土槍，又有幾把刀，十幾根竿子。

玉大人立刻叫把這于家父子三個帶上來。玉大人道：『既沒有勾當強盜，這軍器從那裡來的？』于學禮道：『因去年被盜之後，莊上不斷常有強盜來，所以買了幾根竿子，叫田戶、長工輪班來幾個保家。因強盜都有洋槍，鄉下洋槍沒有買處，也不敢買。所以從他們打鳥兒的回了兩三枝土槍，夜裡放兩聲，驚嚇驚嚇強盜的意思。』玉大人喝道：『胡說！那有良民敢置軍火的道理！你家一定是強盜！』

那知搜到後來，在西北角上，有兩間堆破爛農器的一間屋子裡，搜出了一個包袱。裡頭有七八件衣裳，有三四件還是舊綢子的。那玉大人看了，眉毛一皺，眼睛一凝，說道：『這幾件衣服，我記得彷彿是前天城裡失盜那一家子的。姑且帶回衙門去，照失單查對。』就指著衣服向于家父子道：『你說這衣服那裡來的？』于家父子面面相窺，都回不出。還是于學禮說：『這衣服實在不曉得那裡來的。』玉大人就立起身來，吩咐：『留下十二個馬兵，同地保將于家父子帶回城去聽審！』說著就出去。跟從的人拉過馬來，騎上了馬，帶著餘下的人先進城去。

話說老董說到此處，老殘問道：「那不成就把這人家爺兒三個都站死了嗎？」

老董道：「可不是呢！就有幾個差人橫拖倒拽，將他三人拉下堂去。這邊值日頭兒就走到公案面前，跪了一條腿，回道：『稟大人的話：今日站籠沒有空子，請大人示下。』玉大人凝了一凝神，說道：『我最恨這些東西！若要將他們收監，豈不是又被他多活了一天去了嗎？斷乎不行！你們去把大前天站的四個放下，拉來我看。』

大人親自下案，用手摸著四人鼻子，說道：『是還有點游氣。』復行坐上堂去，說：『每人打二千板子，看他死不死！』那知每人不消得幾十板子，那四個人就都死了。眾人沒法，只好將于家父子站起，卻在腳下選了三塊厚磚，讓他可以三四天不死，趕忙想法。誰知什麼法子都想到，仍是不濟。

這吳氏真是好個賢惠婦人！他天天到站籠前來灌點參湯，灌了回去就哭，哭了就去求人。響頭不知磕了幾千，總沒有人挽回得動這玉大人的牛性。于朝棟究竟上了幾歲年紀，第三天就死了，于學詩到第四天也就差不多了。吳氏將于朝棟屍首領回，親視含殮，換了孝服，將他大伯、丈夫後事囑托了他父親，自己跪到府衙門口，對著于學禮哭了個死去活來。末後向他丈夫說道：『你慢慢的走，我替你先到地下收拾房子去！』說罷，袖中掏出一把飛利的小刀，向脖子上只一抹，就沒有了氣了。

這裡三班頭腦陳仁美看見，說：『諸位，這吳少奶奶的節烈，可以請得旌表的。我看，倘若這時把于學禮放下來，還可以活。我們不如借這個題目上去替他求一求罷。』稿案說：『這話很有理，我就替你回去。』抓了一頂大帽子戴上，走到簽押房。見了大人，把吳氏怎樣節烈，眾人怎樣乞恩，說了一遍。

玉大人笑道：『你們倒好，忽然的慈悲起來了！你會慈悲于學禮，你就不會慈悲你主人嗎？這人無論冤枉不冤枉，若放下他，一定不能甘心，將來連我前程都保不住。俗語說的好，「斬草要除根」，就是這個道理。況這吳氏尤其可恨，他一肚子覺得我冤枉了他一家子。若不是個女人，他雖死了，我還要打他二千板子出出氣呢！你傳話出去，誰要再來替于家求情，就是得賄的憑據。不用上來回，就把這求情的人也用站籠站起來就完了！』稿案下來，一五一十將話告知了陳仁美。大家嘆口氣就散了。

那裡吳家業已備了棺木前來收殮。到晚，于學詩、于學禮先後死了。一家四口棺木，都停在西門外觀音寺裡，我春間進城還去看了看呢！」

老殘道：「于家後來怎麼樣呢，就不想報仇嗎？」老董說道：「那有甚麼法子呢！民家被官家害了，除卻忍受，更有什麼法子？倘若是上控，照例仍舊發回來審問，再落在他手裡，還不是又饒上一個嗎？反叫站籠裡多添個屈死鬼。

後來聽得他們說，那移贓的強盜，聽見這樣，都後悔的了不得，說：『我當初恨他報案，毀了我兩個弟兄，所以用個借刀殺人的法子，讓他家吃幾個月官事，不怕不毀他一兩千吊錢。誰知道就鬧的這麼利害，連傷了他四條人命！委實我同他家也沒有這大的仇隙。』」

老殘說：「玉賢這個酷吏，實在令人可恨！」

＊　＊　＊

過了一刻，吃過了飯，老董在各處算飯錢，招呼生意，正忙得有勁。老殘無事，便向街頭閒逛。出門望東走了二三十步，有家小店賣油鹽雜貨。老殘進去買了兩包蘭花潮煙。順便坐下，看櫃台裡邊的人約有五十多歲光景，就問他：「貴姓？」那人道：「姓王，就是本地人氏。你老貴姓？」老殘道：「姓鐵，江南人氏。」那人道：「江南真好地方！『上有天堂，下有蘇杭』，不像我們這地獄世界。」老殘道：「此地有山有水，也種稻，也種麥，與江南何異？」那人嘆口氣道：「一言難盡！」就不往下說了。

老殘道：「你們這玉大人好嗎？」

那人道：「是個清官！是個好官！衙門口有十二架站籠，天天不得空，難得有天把空得一個兩個的。」

老殘道：「恐怕總是冤枉的多霸？」

那人道：「不冤枉，不冤枉！」

老殘道：「聽說他隨便見著甚麼人，只要不順他的眼，就把他用站籠站死。或者說話說得不得法，犯到他手裡也是一個死。有這話嗎？」

那人說：「沒有！沒有！」只是覺得那人一面答話，那臉就漸漸發青，眼眶子就漸漸發紅。那找尋物件的婦人，朝外一看，卻止不住淚珠直滾下來，也不找尋物件，一手拿著碗，一手用袖子掩了眼睛，跑往後面去，才走到院子裡，就魗魗的哭起來了。

老殘頗想再望下問，因那人顏色過於淒慘，知道必有一番負屈含冤的苦，不敢說出來的光景，也只好搭訕著去了。走回店去就到本房坐了一刻，看了兩頁書。見老董事也忙完，就緩緩的走出，找著老董閒話。便將剛才小雜貨店裡所見光景告訴老董，問他是甚麼緣故。老董說：「這人姓王，春間，他兒子在府城裡，不知怎樣，多吃了兩杯酒，在人家店門口，就把這玉大人怎樣糊塗，怎樣好冤枉人，隨口瞎說。被玉大人心腹私訪的人聽見，就把他抓進衙門。站起站籠，不到兩天就站死了。你老才見的那中年婦人就是王姓的妻子，他也四十歲外了。夫妻兩個只有此子。你提起玉大人，叫他怎樣不傷心呢？」

老殘說：「這個玉賢真正是死有餘辜的人，怎樣省城官聲好到那步田地？煞是怪事！我若有權，此人在必殺之例。」老董說：「你老小點嗓子！你老在此地，隨便說說還不要緊。若到城裡，可別這麼說了，要送性命的呢！」

因天時尚早，復到街上訪問本府政績，竟是一口同聲說好，不過都帶有慘淡顏色，不覺暗暗點頭，深服古人「苛政猛於虎」一語真是不錯。

節錄自《老殘遊記》（劉鶚／著）

❖經典放大鏡

解構文本脈絡

玉賢大人雷厲風行捉盜賊↓于朝棟家父子三人被囚站籠而死↓百姓口讚好官，心中怨怒而不敢言↓王氏獨子因說玉賢大人殘酷之事，被站籠站死

圖說核心概念

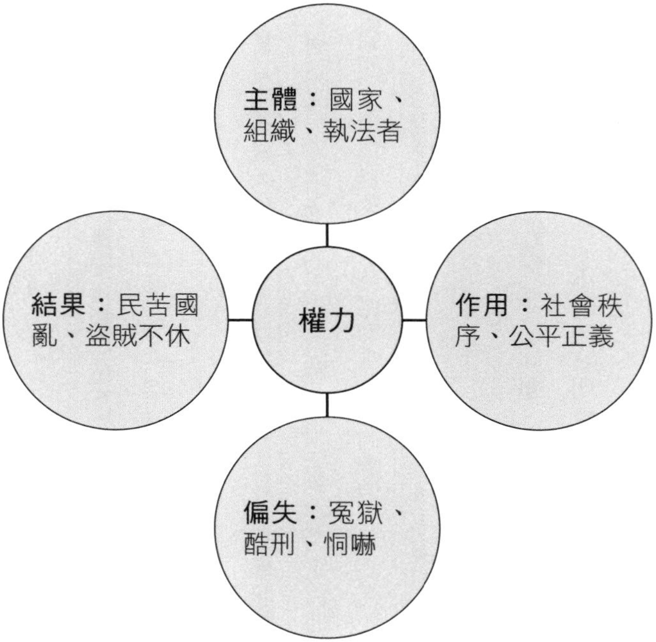
主體：國家、組織、執法者
結果：民苦國亂、盜賊不休
權力
作用：社會秩序、公平正義
偏失：冤獄、酷刑、恫嚇

深度解析文本內涵與意義

在《老殘遊記》一書中，劉鶚藉行醫老殘之名，對清末政治社會「望聞問切」，提出貧弊問題與解決觀點。在書序中他以「有家國之感情，有社會之感情，有種教之感情。其感情愈深者，其哭泣愈痛」，表明憂國憂民之心，並於首回以海中即將傾覆的大船隱喻當時的清廷內外交困。至於老殘急忙駕船贈羅盤救助，卻被認為羅盤是西洋科技，必有陰謀，而將老殘的小船掀翻，暗示劉鶚否定流血推翻專制，而不為革命派所容；崇尚西方現代科技，不為保守派所容的處境。

以今天的視角來看劉鶚，他是具前瞻性、世界觀的先行者。年輕時就拒絕走科舉入仕的老路，廣泛研習新學，這讓他眼光銳利，深知救國必先富民，因此具有企業家冒險精神與魄力。但如此熱切關心國家問題，具挽救時弊實學的劉鶚卻被視為漢奸，於是藉《老殘遊記》帶著自傳性的小說，寫切身經歷，透過治理黃河、玉賢、剛弼的酷政情節為發展主線，寫「棋局已殘」的時勢，譴責昏庸暴虐的官吏，表達憂國憂民之情。

本文節錄第四回「宮保愛才求賢若渴，太尊治盜疾惡如仇」、第五回「烈婦有心殉節，鄉人無意逢殃」，敘述「治盜疾惡如仇」的玉賢所治的曹州府，因黃河改道、決口之害嚴重而盜賊群起。故事以于朝棟被強盜栽贓案、王家兒子因談論玉大人惡行而死，呈現玉賢以不收賄而自負，無所顧忌地草率判案，站籠逼死。劉鶚評論寧可錯殺也不放過無辜者的殺人心態，不僅是酷吏，更是公然殺人誤國。面對官吏囂張跋扈的權勢欺凌，民不敢怒怨，身受草菅人命之禍而不敢抗議，反以「清官」、「好官」稱之；栽贓的強盜尚知慚悔，玉賢依恃權力，對旁人的勸戒反威脅恫嚇，其驕傲蠻橫，肆無忌憚的行徑令人髮指。

劉鶚一語道破清官的心態與危害：「贓官可恨，人人知之，清官尤可恨人多不知，蓋贓官自知有病，不敢公然為非；清官則自以為不要錢，何所不可，剛愎自用，小則殺人，大則誤國。」

名垂青史的「清官」可貴的不是清廉，而是能就事論事，搜求證據釐清事實，明斷是非。基於刑罰是維繫社會道德及安全和諧而設，執法者代表的公權力，是人民、國家賦予捍衛公平正義的責任，絕非草菅人命，施威逞暴的工具。老子說：「法令滋章，盜賊多有。」《史記．酷吏列傳》中司馬遷提出「令者治之具，而非制治清濁之源也。」並以漢代刑法寬減的結果是「吏治烝烝，不至於奸，黎民艾安」，說明國家政治的美好，在於君王的寬厚，而不在法律的嚴酷。

黃河氾濫、民不聊生之下，百姓不得已鋌而走險當強盜。當時山東曹州知府毓賢不但不體恤民苦，設法濟貧，反而剛愎自用，行政苛刻無情，濫施重刑。小說以其為原型，揭露晚清官場的黑暗，批判「清官」、「君子」之惡。這觀點不僅別於其他評論，也合乎現代人權法治、知識分子道德責任的期待。

❖跨域思考地圖

建立概念

在強勢宰制社會資源、主流價值掌控真理的規則下，人權往往被漠視。從一批批黑人被販賣到歐洲、美洲為奴隸，子子孫孫做為白人的財產，到今日儘管公民意識覺醒，來自種族仇恨、宗教、階級、財富的犯罪仍屢見不鮮，導致拉美裔、非裔、兒童、女性、貧窮弱勢、少數民族受到鎮壓、監控、限制遷徙、任意逮捕和文化與宗教被抹殺的命運。

回顧歷史，第一部人權宣言始於西元前五三九年，居魯士大帝在征服巴比倫城以後，釋放所有奴隸，宣布人們有權選擇自己的宗教信仰。接著一二一五年《大憲章》標舉國王與人民同受到法律的約束；一六二八年《權利請願書》制定人民的權利與自由；一七七六年《美國獨立宣言》聲明人民具有生命、自由和追求快樂的權利；一七八九年法國人衝破巴士底監獄，《人民與公民權利宣言》強調應保障所有公民「自由、財產、安全和反抗壓迫的權利；一九四八年《世界人權宣言》列出人人享有三十條人權。

「把人當人」的這條路走了千年之久，一直到今天，人類透過教育、法令、社會運動仍踽踽朝向「人生而平等、自由、民主、博愛」之路前行。

思辨指南針

在君主專制政治體系中，君主對臣民與領土有無限制的權力，且其治權不受到任何其他司法、立法、宗教、經濟或選舉的制衡或約束。帝制到了地方上就是長官制，官員作為皇權的代表擁有至高的權力，使最基層的縣級統治形同行政、財稅、司法、治安集權化的政府。

劉向《說苑．政理》敘述衛靈公問史鰌：「國家政務哪件事是最主要的？」史鰌的回答是：「掌管刑法的大理院。因為判案不正確，那麼枉死的之人無法復生，肉刑之人不可復原。」縣官主責在審斷訟案、教化治安、鼓勵農耕、保證稅收，百姓賴之以太平。然而玉賢假權威讓百姓被冤枉「站籠」而死，或強行棒打致死，相對的是盜賊尚知悔恨、收發公文的小吏求發慈悲、眾人在于家父子腳下墊厚磚，讓他們可以三、四天不死……。他們所顯現的善良，愈顯百姓所仰望的父母官濫權失職、飽讀聖賢書的知識分子為求政績，求前途而泯滅人性。

這是君主專制政治體制給予官吏的合法權，讓他們以維護治安為名，有恃無恐地捕捉嫌疑犯，喪心病狂地虐打百姓出氣。無怪乎蒲松齡《聊齋志異．夢狼》寫清代縣衙道：「竊嘆天下之官虎而吏狼者，比比也。即官不為虎，而吏且為狼，況有猛於虎者耶！」

思辨問題一：

百姓面對玉賢無限上綱的執法態度，無力反擊的原因是？

觀點對話

「畢竟縣官是朝廷點派的，百姓無權選擇，只能將自己的命運寄託於清官手裡，豈料所謂的清官眼見人們建議旌表吳氏，襯得自己冤枉節烈，只得惱羞成怒威脅道：『誰要再來替於家求情，就是得賄的憑據』」。

由王家兒子這段控訴，可知百姓對玉賢的作為憤恨不平，但就如老董所言「民家被官家害了，除卻忍受，更有什麼法子？倘若是上控，照例仍舊發回來審問，再落在他手裏，還不是站籠裡多添個屈死鬼？」官場專斷是中國古代文化專制的表徵，在權力結構下，百姓淪為官僚網絡裡的蚍蜉。

歸根到底，在專制政治是天下為帝王的資產，官吏把地方百姓當成產業。「公家之事，在在任之以官」。地方之事全掌握在官吏之手，人民只能聽命，無權過問，這是百姓之所以覺得上訴無濟於事，在官官相護及民不得反抗的政治結構下，敢怒不敢言，無奈口稱好官的原因。

思辨問題二：

法律賦予執法者權力來監督人民是否守法，那麼誰監督執法者違法或執法過當？

觀點對話

民主國家以法治為基礎，所依據的憲政是以民意授權為前提和基礎立法，嚴格依法管治國家為核心。在要求所有人民守法的同時，更側重於法律對政府權力的控制和拘束。

戰國時便設有監察制度，維護既有的統治秩序，參與並監督中央和地方司法機關對重大案件的審理活動。清朝設都察院，明令「大臣驕肆慢上、貪酷不清、無禮妄行者，許都察院直言無隱」，「倘知情蒙弊，以誤國論」。故當官員濫用職權，危害百姓時，管理監察京內外官吏的御史大夫，便能行使權利彈劾之。

刑罰的理由是犯罪的應報。源自「以眼還眼，以牙還牙」、「殺人償命」的應報理論的刑罰，目的在於平衡行為人行為所產生的罪責，以實現正義，故強調「刑罰必須與罪責相等」，這說明無論基於什麼目的，刑罰不能超過行為人的罪責。

以這個理論來審視于家一案，雖有贓物，卻無犯案動機、事實就罰以「站籠」；再者，未經審案查證便認定有罪，甚至誣賴私藏軍火，趕盡殺絕，顯然已違反職業道德與法律的精神。

思考解決對策：立法修法、選賢舉能、人權法規保護、國際人權組織

人權包括生命和自由之權利、不受奴役和酷刑之權利、意見和言論自由之權利。在民主法治社會，公民為爭取主宰生命、執行意志、選擇宗教、職業和被尊重的權利，除以示威抗議、遊行活動發聲，還能藉選舉表達民意，透過制定法律來反叛暴政壓迫，免於恐懼和迫害的權利。

《世界人權宣言》明確指出：「任何人不得加以酷刑，或施以殘忍的、不人道的或侮辱性的待遇或刑罰。」

「人人完全平等地有權由一個獨立而無偏倚的法庭進行公正和公開的審訊，以確定他的權利和義務並判定對他提出的任何刑事指控。」

基於此，如果于氏、王氏和曹州府百姓活在民主、法治的時代，便能以憲法賦予的主權，反抗暴政，爭取平等和正義。

❖ 延伸思考寫作站

題目一

問題（一）：請就以上短文說明你所理解的「被遺忘權」。文長限六十字以內。

問題（二）：請以「被遺忘權」為題，明確表明你贊成或反對，並提出此權利應否推行的理由。文長限四百字以內。

（一〇七年大學入學考試研究用試卷）

題目二

世上許多重要的轉折是在意想不到時發生的，這是否意味著人對事物發展進程無能為力？請寫一篇文章，談談你對這個問題的認識和思考。

要求：（一）自擬題目；（二）不少於八百字。

（二〇二〇年大陸高考上海卷）

抵抗權威，反對階級

——森鷗外《山椒大夫》

思考焦點：強權侵凌下的生命有何尊嚴與價值？被壓迫的群體該如何自處？命運掌握在自己的手中嗎？

❖今天讀什麼？

森鷗外（一八六二—一九二二年），日本明治至大正年間小說家、評論家、翻譯家、醫學家，與夏目漱石、芥川龍之介齊名，被稱為日本近代文學三大文豪。

出身幕府時代藩主御醫世家的他，自幼聰穎多才，對於閱讀有狂熱的興趣，不僅修習傳統的漢文漢詩，就讀東京帝國大學醫學部時，據說讀遍了東京租書店的文學書籍。二十歲畢業，即在東京陸軍醫院擔任軍醫。一八八四年公費奉派赴德國留學四年，將與德國女子的悲戀故事寫成處女作小說《舞姬》。

論者認為森鷗外是引進西方文學思潮，以此改變傳統文學侷限，推動日本近代文學發展的開端。森鷗外在德國受到叔本華美學與哲學啟發，及歌德、惠特曼等經典影響，強調由倫理道德的「善」價值確認美的獨立性和自主性。

除卻以科學實驗精確追求所寫的中日甲午戰爭日記、公共衛生領域的文章，早期小說作品包括《舞姬》、《泡沫記》、《信使》是森鷗外美學思想先驅代表。中期轉向寫實主義如《灰燼》，晚年受天皇駕崩、日俄戰爭陸軍大將夫妻殉死的影響，投入歷史小說創作，如《阿部一族》、《山椒大夫》、《魚玄機》。

在文學上，他是十九世紀明治維新之後，家喻戶曉的浪漫主義文學家；在軍醫體系上，他任職陸軍軍醫學校校長、居於軍醫系統的最高階。其子森於菟，同出身東京帝大、留學德國，曾應聘出任日本時期台北帝大醫學院院長，可謂克紹箕裘，一門傑出。

書摘

二郎命人在第三木門處搭了一座小屋，將姊弟倆安置在此。

某天黃昏時分，兩個孩子一如往常，聊著父母的事。二郎剛好路過，聽見他們的對話。二郎經常巡視宅邸，查看有沒有強悍的奴僕凌虐弱小的奴僕，或是發生爭吵、偷竊的情況，好及時加以管束。

二郎走進小屋，對兩人說道：「雖然你們思念父母，但佐渡離此甚遠。筑紫更是遙遠。不是小孩子到得了的地方。如果想見你們的父母，就等你們長大吧。」說完便轉身離去。

過沒多久，某天向晚時分，兩個孩子又聊起了父母的事。這次是三郎路過聽見。三郎喜歡捕捉睡夢中的鳥兒，常手持弓箭，在宅邸內的樹叢間巡視。

兩個孩子每次提及父母，總會談到該怎麼辦才好，由於太想和父母見面，他們會討論各種方法，說些不切實際的話。今天姊姊提到：「說什麼如果不等到我們長大，就沒辦法遠行，這種事不用說也知道。我們就是想做這種無法辦到的事。不過我仔細想過後，覺得我們不可能兩人同時逃離這裡。你得自己一個人逃走，不要管我。你先前往筑紫找父親，問他該怎麼做才好。然後再到佐渡接母親回來。」很不巧，三郎剛好聽到安壽的這番話。

三郎手持弓箭，冷不防地走進小屋，「喂，你們在討論逃走的事吧？企圖逃走的人，會被燒上烙印。這是這座宅邸的規矩。燒紅的鐵很燙哦。」

兩個孩子嚇得臉色發白。安壽來到三郎面前說道：「剛才那是說著玩的。就算我弟弟獨自逃走，又能逃到哪裡去呢？只是因為太想見父母一面，才會說出那樣的話來。之前我也說過，要和弟弟一起變成鳥兒飛去見爹娘。這純粹是我信口胡謅。」

廚子王說：「我姊姊說得沒錯。我們兩人時常像剛才那樣，說些不可能辦到的事，以此排解對父母的思念之情。」

三郎來回打量兩人的神情，沉默了半晌。

「哼，就算是隨口亂說也一樣。你們兩人在一起說些什麼話，我可是聽得一清二楚哦。」三郎說完後，轉身離去。

當天晚上，兩人畏懼不安地入睡。不知道睡了多久，他們突然聽到某個聲響，雙雙醒了過來。自從住進這座小屋後，便允許點燈。姊弟倆藉著微弱的燈光一看，發現三郎站在他們枕邊。三郎突然挨近，雙手分別抓住兩姊弟的手，將他們拖出門口。兩人仰望蒼白的月亮，被拉著走過之前晉見山椒大夫時來過的寬敞長廊，接著登上三級臺階，通過走廊，繞了好長一段路，走進之前見過的大廳。許多人不發一語地站在那裡，三郎將兩人拖到炭火燒得熾紅的地爐前。兩人打從被帶離小屋時，便一直喊著「請饒了我、請饒了我」，但三郎始終默不作聲，一直拉著他們走，最後兩人也跟著閉口不語。地爐對面疊放著三片座墊，山椒大夫坐在上頭。他的紅臉在左右兩側焚燒的火炬反照下，紅豔得猶如火燒。三郎從炭火中抽出燒得赤紅的火筷，拿在手上端詳良久。一開始宛如透明般火紅的熱鐵，逐漸變得泛黑。三郎一把拉過安壽，想將火筷抵在她臉上。廚子王緊緊抱住三郎的手肘。三郎將他踢倒在地，用右膝抵住他，最後終於用火筷在安壽的額頭烙上十字。安壽的慘叫聲劃破在場的沉寂，向外擴散開來。三郎接著撞開安壽，一把拉起身下的廚子王，同樣用火筷在他額頭烙上十字。廚子王新響起的哭聲，攙雜在姊姊已變得微弱的哭聲中。三郎拋開火筷，像一開始帶他們進這座大廳時一樣，再度抓住兩人的手。他環視在場眾人後，繞過寬敞的主屋，拖著兩人來到那三級的臺階處，將他們推下冷冰冰的土地。兩個孩子差點因創傷的疼痛和內心的恐懼而昏厥，但還是忍了下來，沒去任何地方，直接返回位於第三木門的小屋。倒在床鋪上的兩人有好一段時間像死屍般一動也不動，但過沒多久，廚子王突然大叫：「姊，快拿出地藏王菩薩像。」安壽馬上坐起身，取出貼身的護身符袋。她以顫抖的手解開繩索，從袋子中取出佛像，安放在枕邊。兩人分列左右磕頭。行刑時就算緊緊咬牙還是難耐的額頭痛楚，此時突然完全消失。他們以手掌輕撫額頭，發現連傷痕也不見了。兩人為之一驚，就此醒來。

兩個孩子坐起身，聊起剛才的夢境。原來他們在同一時間做了同樣的夢。安壽取出佛像，像夢裡一樣將它放在枕邊。兩人朝佛像膜拜，透過微弱的燈光，看見地藏王菩薩的額頭。在白毫的左右兩旁，明顯可以看到像是用鑿子雕出的十字傷痕。

兩個孩子自從被三郎偷聽到他們的談話，當天晚上做了可怕的夢之後，安壽的模樣便有了很大的改變。她顯得神情緊繃，眉間總會擠出皺紋，雙眼不時凝視遠方，而且變得沉默寡言。之前黃昏時分從海邊回來後，她總會等待弟弟從山上返回，和他長談良久，但現在就連這種時刻，她也同樣話不多。廚子王很擔心，問她：「姊，妳是怎麼了？」安壽回答道：「我沒事，你放心。」還刻意擠出笑容。

安壽的改變就只有這點，她說起話來很正常，做事也一如平時。但廚子王見過去都會和他互相安慰的姊姊變成這副模樣，心中滿是難受，偏偏又無人可傾訴。兩個孩子的心境變得此以前更加孤寂。

節錄自《山椒大夫》（森鷗外／著；高詹燦／譯），二〇一八，麥田出版

❖ 經典放大鏡

解構文本脈絡

夜裡，安壽、廚子王被三郎抓至大廳→三郎無視求饒，在二人額頭烙上十字→二人膜拜地藏王菩薩像，痛苦傷痕盡消→夢醒方知菩薩庇佑

圖說核心概念

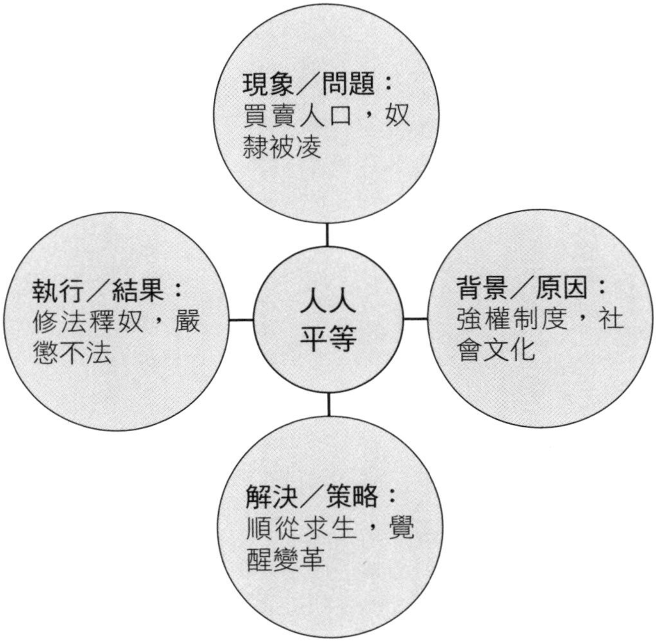

現象／問題：
買賣人口，奴隸被凌
背景／原因：
強權制度，社會文化
人人平等
執行／結果：
修法釋奴，嚴懲不法
解決／策略：
順從求生，覺醒變革

深度解析文本內涵與意義

《山椒大夫》改寫自佛教《五說經》文本之一「安壽與廚子王丸」，敘述平安時代末期（約西元一一八〇年前後），地方官平正氏不願遵行官府強徵暴斂政策而被放逐，臨行前訓誡兒子要心存寬厚。豈料妻子遭擄劫而為娼妓，子女被人口販子賣到山椒大夫家，因為企圖逃走，夢見在額頭上被燒上十字烙印，從護身符袋裡拿出地藏王菩薩像祈禱，此時額頭的疼痛和傷痕忽然消失不見了⋯⋯。這情節既顯現地主對奴隸控制的殘暴手法，也反應被壓迫的弱勢者只能寄望於普渡眾生的宗教，獲得奇蹟似的解脫。

二人長大後，廚子王在妹妹安壽的犧牲下逃離山椒家，得首相上書天皇，成為國守，管理山椒大夫所在的端午省。這是第二個奇蹟，不再是夢幻似的神意，而是靠著倫理親情的摯愛，追求自由的渴望和父親所叮嚀的意旨凝聚出之行動。這勇氣來自逆轉命運的主動性，不妥協的抗議精神，也是作者意圖滲透的觀點。更重要的是一個人改變命運的影響力，就像蝴蝶效應會帶動巨大的轉變，故事裡的廚子王得知妹妹為了掩護他逃亡而投河自盡，立即頒布禁止買賣奴隸和解放奴隸的法令，擒拿反抗流放命令的山椒大夫。這些充滿理想性的浪漫結局背後，是無數像平正氏以地方官標誌的反抗覺醒，廚子王因親身體驗為奴之辱，挺身而起的抗爭所致。

廚子王最後在佐渡島找到雙眼失明母親，當他跪下的瞬間，母親「如同乾癟貝肉」的雙眼突然變得濕潤，恢復視力。這是第三個奇蹟，正如森鷗外自言寫作《山椒大夫》時：「做夢般地寫出夢一樣的故事。」表現純潔善良的人性感動天地，也或許森鷗外只想暫時陶醉在能夠單純相信奇蹟的「夢境」。

這篇小說的主題是以善的意志、自我覺醒的行動，反抗命運、抵抗權威。安壽秉持頑強的信念，不惜犧牲自己，也要促成廚子王逃出去，遠離人不像人的生活。首相素來仰慕地方官平正氏為人，庇佑廚子王恢復原有的地位，而得以有權利解放奴隸，這是「善有善報，天道好還」的宗教觀，也是作者身處「王政奉還」與「倒幕」劇變時期的反思。

在幕府軍權掌握一切的時代，除透過法令控制諸侯、武士和天皇家、公家，限制農工商和賤民的階級流動，同時以嚴密制度合理化地視低階百姓為畜生般勞役。在這樣絕對服從的奴化社會裡，卑賤的奴隸命如草芥，「人不知道何謂人的價值」。森鷗外以山椒大夫的兒子二郎對這對兄妹的憐憫協助、汲潮女工、小萩、樵夫的同情關懷之愛；地方官平正氏寧可被放逐，也不甘做為官府強徵暴斂的幫兇，表彰人的價值在於人性的美善、正義的堅持。而廚子王實踐父親所教導「一個沒有同情心的人不是人，對人要大度，對己要嚴苛」、「人生來是平等的，都有追求幸福的權利」的信念，也顯現了個人的價值與尊重平等的理想。

楊照在〈跨越形式與時間的文學力量〉中言：「森鷗外身上具備了一切日本從傳統過渡到現代的條件。」這篇抱持「源自歷史卻同時脫離歷史」意識的小說，除凸顯歷史小說在古老時代的背景上，架設貧窮處境仁愛寬厚的人性、姊弟感情的動人情懷，更滲透現代去階級、反強權的世界觀。

❖跨域思考地圖

建立概念

奴隸的歷史遠溯於希臘羅馬時期，封建貴族社會勞力生產的需求。工業革命造成大規模的農業與生產製造型態，甘蔗、棉花、菸草需要極龐大的人力需求，促成販奴市場與結構性的政策，授予人得以強行運用將他人的肉體和靈魂做為財產的權利。在供需市場機制下，十五世紀阿拉伯人開始黑奴貿易，十六世紀歐洲殖民主義推波助瀾下，西非的黑人被販賣到歐美，形成奴隸制度的高峰。這些因戰俘、窮困、借貸、罪犯或買賣的奴隸，被當成奴隸主的私有財產，任其差遣使喚，如同商品可以轉售。

奴隸的命運無法掌握在自己手中，只能遵從於奴隸主的意志，沒有人格、自由、權利，更沒有投票權，甚至不能擁有私人財產。他們終身為奴，家人子女也難逃為奴的命運，更甚者女黑奴被當成生育的工具，生出來的孩子養大後也送入奴隸市場。《貿易大歷史》記述從一五一九年到一八六〇年代末期奴隸貿易結束之前，有九百五十萬非洲奴隸抵達新世界。加上中轉航程中，死亡率約十五％，意味著當初由非洲啟航的俘虜達一千一百萬人。以美國而言，一七二〇年紐約七千人當中，有一千六百位是非裔美國人，而且大多是奴隸。誠如歷史學家鄧恩（Richard S. Dunn）描述英屬加勒比地區時所說：「由剝削英國窮苦勞工，到虐待殖民地契約工，再到設圈套綁架人、使用犯人，再到奴役非洲黑人。」

馬克思主義認為：階級不是從來就有的，原始社會由於生產形式簡單，不具備出現階級的根本因素，而是在生產力達到一定程度後才出現，如社會出現分工現象時。這說明階級的差異來自組織龐大，人口眾多、生產形式複雜。基於亞當．斯密《國富論》提出人的智力、體力、道德等人力資源與物質資源同是重要的生產手段，因此就人力資本論的觀點，個人在教育投資愈大，人力資本愈高，學識技能愈強，工作效率愈高，得到的報酬也愈多。要改變奴隸或下層階級的命運，就必須接受教育創造自己具有生產力的價值；要讓社會肯定種族、階級的多元性，就必須培養包容欣賞與肯定每個人存在的價值。

思辨指南針

推倒心中高牆需要勇氣、智慧和良知所燃燒的光熱。馬丁．路德．金恩《我有一個夢》，是美國黑人為爭取與白人同等地位而發起的群眾性非暴力鬥爭運動。但全球性議題絕非一個英雄能力挽狂瀾，因為群眾意識的甦醒、擊垮利益團體的結構暴力、司法體制的改革，非一朝一夕，一人之力所能完成。

廢奴運動是在啟蒙及人權意識覺醒才推至高峰，隨著法國大革命、教會和有志之士的奔走，十九世紀「奴隸制是不道德」的觀念逐漸擴大，平等、自由的呼籲之聲日漸強烈。如英國廢奴運動的標誌，是一幅雙手被鐵鍊緊鎖的黑人，跪地說：「難道我不是一個人，不是兄弟？」

棉花經濟讓美國的廢奴過程激烈而漫長，先有《湯姆叔叔的小屋》批判不合人性的奴隸制度，鼓勵只有鬥爭才會自由的真理，推動美國反奴風潮。繼有廢奴者強烈質問：「有兩、三百萬人只因為內在的靈魂被外面那層深色皮膚包裹著，就被迫終生為奴。……美國如何能聲稱自己信奉『所有人都生而平等』。」這些醞釀過程逐漸改變觀點，而有約瑟．斯密在一八四四年參選美國總統時，提出中止奴隸制度的呼籲，終於在南北內戰，林肯的支持下，於一八六五年美國憲法正式廢除奴隸制。

強欺弱的暴力與不公不義的事件從未停止過，發生在華工、移工，以及因為人的膚色、階級、種族、宗教、文化、性別，被排斥、邊緣化族群今天仍活在恐懼的危險。實現人人平等、享有人權還有很長的路要走，如何建立更具防護力、更包容正義的社會，是全球每個人的社會責任。

思辨問題一：

社會必須重視被邊緣化的族群權益及生活發展的理由是？

觀點對話

「尊重」與「包容」是人權的核心價值；互惠的權利與責任，則是民主法治社會中每個人所應謹守的共同契約。正如布萊恩．史蒂文森在《不完美的正義》說：「貧窮的對立面不是財富，而是不完美的正義。國家的品格不是建立在我們如何對待擁有特權的有錢人，而是我們如何對待貧窮，被忽視和受迫害的邊緣人。……我們若是能誠實地審視自己的良心，我相信就會知道我們都需要正義，我們都需要慈悲，或許我們都需要某種程度的天賜恩典。」

《山椒大夫》中，因為經濟政治、宗教文化、風俗習慣，難以被主流社會接受的邊緣群體；時至今日新移民、少數族裔、弱能人士、貧窮人口無法享有應有的權利、資源與機會的問題依然存在。就社會需要各種才能、智慧的分工而言，每個人都是成就美好的一份子，儘管財富、地位有高下，但每個人生存、發展的權利是平等的，這是文明國家、健全社會應有的保障。再者，所謂的邊緣是流動的，我們都有可能陷入弱勢景況，因此必須以同理心、推己及人的忠恕之德重視每個人的權益與對社會的貢獻，更何況攜手尋求世界的和平與合作是對未來更美好的共同希望。

思辨問題二：

甘地以非暴力不服從運動反抗英國殖民暴政，同時致力消除種姓制度的不公不義，領導全國減輕貧困、申張女性權利，增進宗教和種族的和諧。推想這些作為，能帶領印度脫離英國統治的原因是？

觀點對話

甘地一方面運用法律上賦予公民「不服從不合作」的權利，如不納稅、不入公立學校、不到法庭、不入公職、不購買英貨抵制英國統治，激起印度人自救的覺醒，凝聚反抗力量，使殖民政府近乎癱瘓，而不得不頒布新法讓印度逐漸自治。

另方面改善印度體質，解決貧窮、種姓、女性不平等問題，讓每個印度人重新懷抱希望而活，覺醒必須團結自主才能遠離剝削。正如甘地所言：「在歷史上運用真理和愛，總會獲勝。」他以信仰平等、自由的真理，追求互助互愛的共榮理念，贏得印度人支持，成功打破英國統治，獲得獨立。

思考對策：多一份關懷與了解、以行動支持正義、自立自強、社會福利與法令保障權益

人權是無論你是誰，身處於何地，都享有做為人的種種權利，如自由、平等、公平的學習、選擇、工作權，免於被威脅侮辱的恐懼、迫害的壓迫，這是每個國家法律對每個人的基本尊重與保障。

雖然輿論、偏見、歧視……可能在轉瞬之間改變所謂的事實。但正如哲學家尼采在《偶像的黃昏》中所述：「那殺不死我的，都使我更強大。」世界存在的不正義激勵弱勢當自覺奮發，社會群眾應發揮道義，給予精神與物質上的支持。如國際特赦組織與社運人士透過寄信、簡訊、傳真和推特等方式，帶給人權捍衛者堅持下去的力量，揭發壓迫隱蔽罪行的訊息。比利時以「你們穿了什麼呢？」（What Were You Wearing）為題策畫性侵受害者衣物展，目的在打破性侵的刻板印象；台灣人權促進會針對國家嚴重侵害人民基本權利之重大個案，進行調查並提供具體協助；ETtoday東森新聞雲行動法庭深入報導多元議題，啟迪法律知識，讓人人都能是捍衛正義者。

❖延伸思考寫作站

題目一

《國語．子產不毀鄉校》中敘述：「鄭國人到鄉校休閒聚會，議論執政的得失。大夫然明主張廢鄉校。子產認為：其所善者，吾則行之，其所惡者，吾則改之，是吾師也，若之何毀之？我聞忠善以損怨，不聞作威以防怨，豈不遽止？然猶防川，大決所犯，傷人必多，吾不克救也；不如小決使道，不如吾聞而藥之。」

問題：大夫然明主張廢鄉校、子產反對廢鄉校，二人主張各不同，請選擇立場，並說明你的理由。

題目二

生活中無論工作、溝通、玩樂……，甚至尋常如走路、飲食、刷牙……，事情僅僅是「做了」，或者「做完」，能夠「做對」，乃至「做好」，結果或成效未必一樣。這幾種做事的態度，不只反映出個人的自我要求，也關係到他人對自己的印象，更可能會對周遭和社會造成影響。

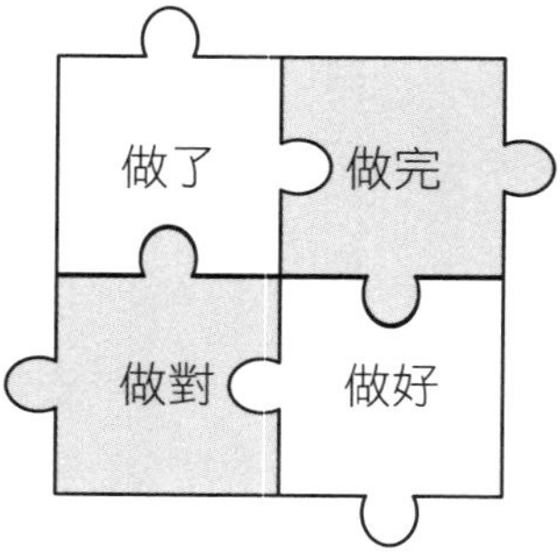

請結合你的生活經驗，就上述主題寫一篇完整的文章，敘述你的感受或看法。文章不用訂題目，但內容至少要敘及「做了」、「做完」、「做對」、「做好」四者中任兩者。

（一〇七年統測）

反抗戰爭，荒誕對峙
——雅洛斯拉夫・哈謝克《好兵帥克》

思考焦點：為何而戰？為戰爭犧牲值得嗎？拒絕戰爭的人是否也是英雄？我們有不服從的選擇權利嗎？反抗霸權有哪些軟性策略？

❖今天讀什麼？

雅洛斯拉夫・哈謝克（Jaroslav Hašek，一八八三—一九二三年），捷克幽默小說作家、諷刺小說作家和社會無政府主義者。

哈謝克和名著《變形記》的作者卡夫卡都是捷克國寶級作家，也同樣出生於一八八三年奧匈帝國統治下的布拉格，作品都關注那個時代「人」的各種面貌。有別於卡夫卡以孤冷的風格描摹人心的隔閡與異化，哈謝克以鮮活淋漓的人物和荒唐可笑的情節，嘲諷愚昧的當權者和戰爭的荒誕。

哈謝克的童年淒苦顛沛流離，遷徙不定，埋下日後流浪不羈的因子。十三歲時，父親死於過量飲酒，母親靠人施捨與乞討度日，中學時參加街頭示威遊行，頻頻出入警局，被迫輟學。其後輾轉以賣藥、販狗維生，混居於各地小酒館與流浪漢、吉卜賽人群之間，擔任過銀行職員、編輯、記者，加入無政府主義者運動，受警察密切監視，時常被逮捕甚至入獄。

第一次世界大戰爆發，哈謝克徵召入伍，遠赴俄國作戰，被俘後編入俄軍戰俘營的捷克志願軍團，轉而對抗奧匈帝國。一九一七年十月社會主義革命爆發，他加入蘇聯紅軍，不久又加入列寧領導的布爾什維克黨。在紅軍各宣傳雜誌上支持俄國以及世界無產階級革命，讓他意識到文學對革命運動的影響性，而找到創作的使命感。

歐洲興起國族主義的意識，和奧匈帝國的腐敗荒淫，以及豐富的生活歷練、服役經歷，促使哈謝克融合對社會的深刻觀察與體悟，寫出這本「以笑的方式來遺忘痛苦和對抗暴政」的政治小說《好兵帥克》，這也是他在文學創作上的最大成就。

在某種程度上「好兵帥克」就是哈謝克，哈謝克就是「好兵帥克」。呆傻卻一點都不傻地以自己的方式干預整個世界大戰，就像哈謝克在生命裡冷眼看盡人間苦難，以筆為普通勞動者的悲慘境遇，發出反對壓迫的呼聲，伸張維護正義的心志。

書摘

「我感到非常之遺憾，你又落到我們手裡了。」那些制服上縫著黑黃袖章的野獸之一，看見帥克被帶到他面前時說：「我們都以為你會改過自新，可是你卻使我們大失所望。」

帥克默默地點了點頭，表示同意。他的神情是那樣天真無邪，使得那頭繡著黑黃袖章的野獸不解地望著他，然後加重語氣說：

「不准再露出那副白痴相！」

但是他馬上又換了一種客氣的腔調接著說：

「說實在的，我們把你抓起來，我們心裡也不好受。我可以對你老實說，依照我的看法，你的事情並不怎麼大，因為，考慮到你的智商不高，可以想見你一定是受了別人的唆使。請你告訴我，帥克先生，究竟是誰要你去做那些蠢事呢？」

帥克咳嗽幾下，然後說：

「實在對不起，我完全不懂您所說的『那些蠢事』指的是什麼？」

「那好，帥克先生，」他用長輩的口氣說：「根據押送你的巡警先生說，你在街上的宣戰布告前引起一大堆人的注意，高喊『法蘭茲．約瑟夫皇帝萬歲！這場戰爭我們必勝！』的口號，你說，煽動人們不正是一樁蠢事嗎？」

「我不能袖手旁觀，無動於衷。」帥克解釋說，用他那雙善意的眼神凝視著眼前的長官。「我看見他們讀宣戰布告時，完全沒有一點興奮，我火氣就上來了。怎麼連個高呼勝利、喊個『太好了』的人都沒有？大人，他們沒有任何表示，就好像這事情與他們毫無任何關係一般。我畢竟是九十一團的老兵，實在是忍無可忍，於是我就喊出了那些話。我想，大人您假如處在我這個位置，你一定也會忍不住這麼做的。既然要打仗，就得打贏，就應對皇帝高喊三聲萬歲呀！這件事誰也別想來攔住我。」

徒具招架之功而無還手之力的黑黃袖章野獸，完全沒敢正眼看帥克這天真無邪的羔羊，於是趕快將視線投到公文上說：

「我完全認同你這份熱忱，不過你應該在別的場合來展現它。你自己明明知道，你是被巡警押送著的，因此，你的愛國言行就可能、甚至必然會被公眾看作是一種譏諷，而非出於嚴肅的誠意。」

「當一個人由巡警押解著走路，」帥克回答：「可以說是他一生中非同小可的艱難時刻。然而，如果這個人即使在這種境遇下也不忘開戰以後自己該做些什麼，那麼依照我的看法，這樣的人是不見得壞到哪裡的。」

繡著黑黃袖章的野獸嘟囔了一句什麼，又直瞪了帥克一眼。

帥克對他投以天真、柔和、謙恭與溫順的目光。

他們又彼此瞠目相視了一陣子。

「這次就放過你，帥克，」官架子十足的大鬍子終於嘟囔道：「假如你再被弄到這裡來，那我什麼也不會問，直接將你交給赫拉昌尼區的軍事法庭去受審了。明白嗎？」

沒等他理會，帥克冷不防撲上前去吻了他的手，說：

「願上帝為您做的功德祝福您！無論何時，如果您想養一隻純種狗，就請光顧。我是個賣狗的。」

帥克就這樣重獲了自由，踏上了回家之路。

＊　＊　＊

於是，在一個富有紀念意義的日子裡，布拉格大街上便顯現了一幅忠君報國的動人場景：

一個老婦人推著一把輪椅，上面坐著一個頭戴軍帽的男子，他那嵌著「弗朗基克」

奧皇標誌的帽徽明亮閃爍，手裡揮動著一副枴杖，外套上面還裝飾著一束豔麗刺目的鮮花。

這個人不斷地揮著枴杖，沿著布拉格街道大聲喊道：

「打到貝爾格萊德去！打到貝爾格萊德去！」

他後面跟著一群人，是在帥克出發入伍的那 棟房子前聚集起來的。一開始只是一小群，後來愈聚愈多了。

當帥克拿出白紙黑字的公文，向巡官證明他當天確實是光明正大要去徵兵委員會時，巡官似乎反而有點失望。為了制止他繼續擾亂治安，就由兩名騎警把帥克連同他的輪椅一起送到設在射擊島的徵兵委員會。

有關這一事件，在《布拉格官方新聞報》上出現了這樣一篇文章：

【殘疾人的愛國情結】

昨日上午，布拉格街道上的行人目睹一件可歌可泣之壯舉，國難危急之際，吾國男兒實乃忠君報國之最佳典範，亦為希臘羅馬古風之再現。昔司凱沃拉29置其灼傷之手於不顧，而猶率軍勇猛作戰。昨日，一手執枴杖之殘癈者，乘其老母所推之輪椅，奔赴疆場。如此情景，即為神聖感情之動人表現。捷克民族即使身子殘疾，仍自願從軍，以期為我君王獻出其自家生命。布拉格大街對其所呼之「打到貝爾格萊德去！」莫不熱誠讚許，益足彰明布拉格民眾對其祖國及皇室之無限愛戴。

德語報紙《布格拉日報》也以類似筆調描繪了這件事。文章的末尾說，這位自願從軍的殘疾人士後面跟著一群德國人，他們用身子防護著他，以免他受協約國捷克籍特務的毆打。

德語報紙《波希米亞報》登載了這麼一段新聞，要求對這位殘疾的愛國志士給予獎勵，並且說，凡德籍公民願好心捐贈給這位無名英雄的，可以直送到該報館去。

＊＊＊

盧卡斯上尉是衰敗、凋零的奧地利王國現役軍官中的一個典型人物。士官學校把他訓練成一種兩棲動物。在大庭廣眾之下，他嘴裡說的是德語，筆下寫的也是德文，但他讀的卻是捷克語的書。每當他給一批純粹是捷克籍的一年制志願兵軍校學生講課時，就用一種體己的口吻對他們說：「我們是捷克人，但沒必要讓人家知道這點。我也是個捷克人。」

他把捷克籍視為某種祕密組織，自己離它愈遠愈好。

應該說，他人倒不壞，不懼怕自己的一幫上司，操練時對連隊的關照也還說得過去，只需要給他在板棚裡找一個舒適住處就行了。他還時常從微薄的薪俸中抽出點錢來給自己的士兵買桶啤酒喝什麼的。

他喜歡士兵們高唱著進行曲行軍。不管是出操還是收操，士兵們都必須唱歌。

他也能大聲嚷嚷的，但從不罵人，每句話都要字斟句酌。

但他憎惡他用過的一些勤務兵，他總認為自己倒楣不幸，派給他的盡是一些最可憎、最卑鄙的勤務兵。

他抽他們的嘴巴，敲他們的腦袋；他也曾想方設法用規勸或實際行動去教育他們；但他始終不肯把他們當一般士兵看待。他和他們這樣徒勞地鬥了好多年，勤務兵換了一個又一個，最後只好嘆氣道：「又給我派來了一頭下賤的牲口。」

他非常喜歡動物。他有一隻哈爾茲金絲雀，一隻安哥拉貓和一條看馬的狗。所有被他撤換的勤務兵，對待他這些心愛的動物，跟他對待幹了卑劣勾當的勤務兵的態度一樣壞得很。

當帥克來向盧卡斯上尉報告，說他來上班了，盧卡斯就把他領到房裡對他說：「隨軍神父卡茲先生把你推薦給我，我希望你不要給他丟臉。我已經用過一打勤務兵了，可沒有一個能在我這裡待下來。我得提醒你，我是一個很嚴格的人，對任何一種卑劣勾當和撒謊行為我都要嚴加懲罰的。我希望你對我永遠講真話，毫無怨言地執行我的一切命令。比如我說：『跳火坑！』你即使不樂意但也得給我跳。你在看哪裡？」

帥克滿有興趣地望著掛有金絲雀籠子的牆壁，此時，他那雙善良的眼睛立即轉過來盯著上尉，用一種十分親切溫和的聲音回答：「報告，上尉長官，那是隻哈爾茲金絲雀。」

帥克這樣打斷了上尉那滔滔不絕的訓話之後，依然定睛望著上尉，連眼睫毛也沒眨一眨，並且還按軍人姿勢站得個倍兒直。

上尉本想念他幾句，可是看到帥克臉上那片天真無邪的表情，就只說了一句：「隨軍神父先生推薦說，你是天下第一號的白痴。我看他這話一點沒說錯。」

「報告，上尉長官，隨軍神父大人的話的確沒有說錯。當我還是現役軍人的時候，就因為痴呆給遣散了，我智力低下那是出了名的。當時團裡因為這個原因被遣散的有兩個：一個是我，還有一個是馮•高尼茲連長先生。說起這位人呀，請允許我向您，上尉長官報告，他走在街上時，左手的一個指頭總是掏著左鼻孔，右手的一個指頭掏著右鼻孔。他帶我們去操練時，要我們像接受長官檢閱一樣地排著隊，然後他說：『士兵們，嗯，你們要記住，嗯，今天是星期三，嗯，由於明天是星期四，嗯。』」

盧卡斯上尉像一個想不出適當的言語來表達思想的人，他只聳了聳肩膀。

他從房門到窗子之間來回踱步，圍著帥克走了一圈，又踱了回去。當上尉這麼踱著的時候，帥克就用兩眼追逐著他，也就來回做著「向右看齊」、「向左看齊」的動作，臉上的表情是那樣的天真無邪，以致上尉垂下雙眼，望著地毯說了些與帥克所談的傻連長風馬牛不相及的話：「記住，我這裡什麼都得要乾乾淨淨、井井有條，不准跟我說謊。我熱愛誠實，憎恨謊言。我懲辦起撒謊的人來是一點也不留情的。我的這些話你聽清楚了沒有？」

「報告，上尉長官，我聽清楚了。一個人最要不得的是撒謊。誰要一開始就前言不搭後語，那他鐵定完蛋了。我的看法是坦白直率最好。即便幹錯了事，自己去承認：『報告長官，我幹了這，幹了那。』說到誠實，那總是一種美好的事情，一個人為人忠誠老實，就能走得很遠，就跟競走比賽一樣。誠實的人到處受到敬重、尊崇，自己對自己也滿意，時時會感覺自己像個新生兒。當每天上床睡覺時，他可以說：『今天我仍然是誠實的。』」

當帥克如此這般地大發宏論的當兒，盧卡斯上尉一直坐著，望著帥克的靴子，心裡想著：「我的天哪，我想我大概也常常這麼嘮叨地講些廢話吧，只是講話的方式不同而已。」

可是，為了不損害自己的尊嚴，他等帥克把話講完之後他才說：

「現在跟了我，你必須經常擦乾淨你的靴子，穿好你的軍服，扣好你的所有釦子，必須有個軍人的樣子，不是老百姓裡的那些癟三、無賴。」

歇了一會兒，他又接著往下說了。他向帥克交代了他該做的一切事情，特別強調了誠實可靠的重要性，永遠不准談論上尉這裡的事。

「女士們常來拜訪我，」他補了一句：「假如我早上不值班，有時她們其中一位也許就在我這裡過夜了。遇到這種情況，等我按鈴，你再把咖啡送到我們床邊來，你明白嗎？」

「報告上尉長官，我非常明白。如果我猛然闖到床跟前，也許會使那位女士困窘的。記得有一次，我把一位小姐領回了家，正當我倆玩得起勁時，我的老女僕就把咖啡送到我們床頭來了。女僕大吃一驚，咖啡灑了我一背，還說了一聲：『上帝賜福！』您放心，我全知道，當有位女士在這裡過夜時，我該幹什麼，不該幹什麼。」

「那就好啦，帥克，我們對待女士們必須彬彬有禮，格外有個分寸。」上尉說到這裡，情緒也隨之高漲熱烈起來，因為這個話題是他在兵營、操練場和賭場之外空暇時間中最為關心的了。

節錄自《好兵帥克》（雅洛斯拉夫・哈謝克／著；蔣承俊、徐耀宗／譯），二〇一八，麥田出版

❖ 經典放大鏡

解構文本脈絡

帥克頭戴軍帽，坐在輪椅上去從軍→帥克遭控叛國罪，被診斷為白痴→帥克服侍神甫、盧卡施中尉→帥克參加遠征

圖說核心概念

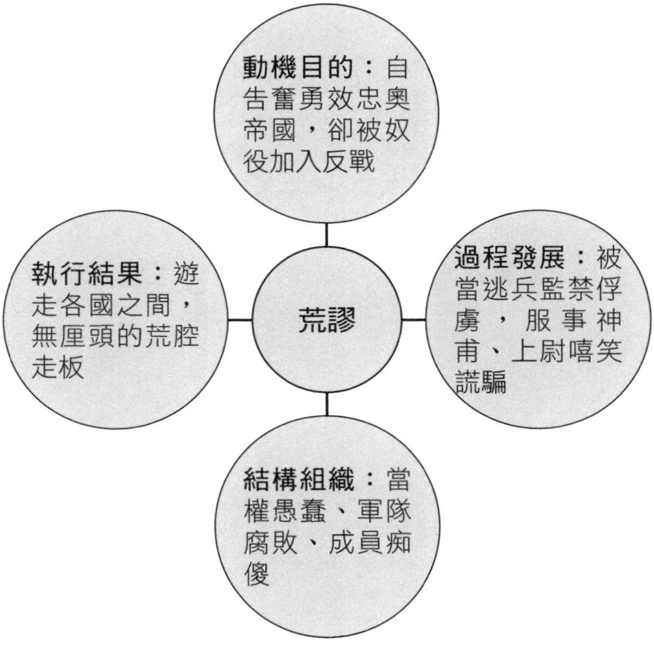
動機目的：自告奮勇效忠奧帝國，卻被奴役加入反戰
過程發展：被當逃兵監禁俘虜，服事神甫、上尉嘻笑謊騙
荒謬
執行結果：遊走各國之間，無厘頭的荒腔走板
結構組織：當權愚蠢、軍隊腐敗、成員痴傻

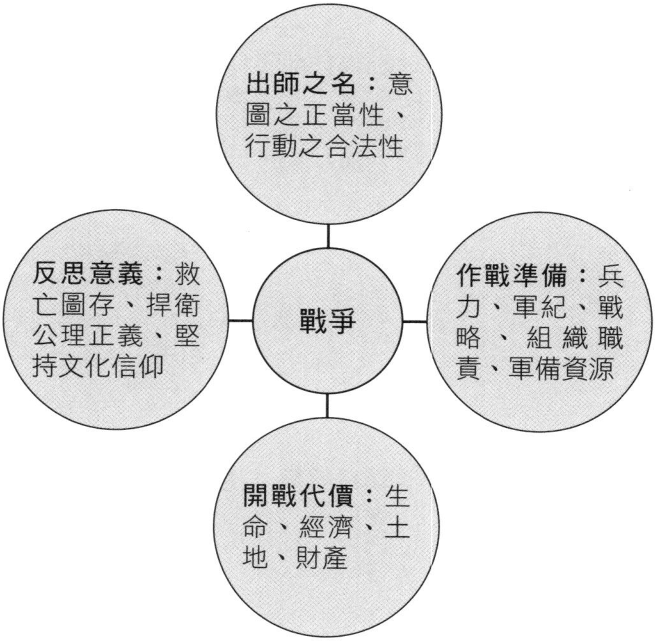
出師之名：意圖之正當性、行動之合法性
反思意義：救亡圖存、捍衛公理正義、堅持文化信仰
戰爭
作戰準備：兵力、軍紀、戰略、組織職責、軍備資源
開戰代價：生命、經濟、土地、財產

深度解析文本內涵與意義

《好兵帥克》全名《好兵帥克在第一次世界大戰中的遭遇》，故事由戰爭的導火線——奧匈帝國王位的繼承人弗朗西．斐迪南，被塞爾維亞民族主義者暗殺開始。小說裡處處是荒誕的事件，譬如帥克一見皇帝畫像就高呼萬歲，「願意為皇帝陛下流盡最後一滴血」，卻因在小酒館談論斐迪南被殺案件按上叛亂罪。送至刑事廳後，卻由法醫來確定帥克的智力，和裁奪罪名，結果被判定是「智力低弱偽裝生病的逃避兵役者」，因白痴而關入瘋人院。帥克竟到處誇稱在瘋人院度過的是一生最暢快的日子，最後被軍區審委會宣佈患有神經不健全的慢性病，退伍回家靠販狗生活。

接著便見看似壯烈，實則諷刺的畫面：帥克頭戴軍帽坐著輪椅，手裡揮動著拐杖，外套上面還裝飾著一束豔麗刺目的鮮花，在眾人的歡呼與報導的讚美下光榮從軍。完全不知為何而戰，卻自告奮勇表示效忠奧匈帝國皇室的模樣，與當時捷克人的真實情感形成強烈反差，也深刻表現被奴役驅使上戰場的無奈。

帥克跟著軍隊出發，開展出一連串更戲劇性的情節：風濕病卻被認為是逃兵而飽受折磨，被關進拘留營。他裝模作樣主持聖禮說教，反成為拘留營的枯寂日子裡逗人發笑的娛樂；當真正的神甫來講道時，帥克假裝悔過自新流了淚，沒想到竟獲得青睞，成了神甫的傳令兵。

這神甫不但穿反了祭衣，玩紙牌時把帥克當賭注輸給盧卡斯上尉，情形就像從前俄羅斯對待農奴一樣。成為盧卡斯上尉馬弁的帥克為討其歡心，偷回將軍的狗，結果二人都被調入前線。在火車上帥克再次惹怒將軍，說這禿頭大將掉頭髮是因為養孩子時神經受了刺激；又無故報警造成急剎車，再因沒帶證件被德軍抓進司令部。幾經折騰，火車已經開走，他只好徒步去追趕部隊，回到一直想甩掉他的盧卡施中尉那，結果中尉因帥克受到調往先遣隊的處罰。

在眾人眼裡是「天下無雙的白痴」的帥克，從戰爭前線到在俄國被虜，總是不可思議地逢凶化吉。無端遭控叛國罪，而無畏警方嚴酷審問的他，驕傲自稱：「我是官方認證的白痴！」他的白痴表現在一臉天真樂於助人，卻總幫倒忙；愛東拉西扯裝瘋賣傻卻直言不諱；無條件順從上司，卻搞得上司瞠目切齒狼狽不堪。這平凡小人物以他獨特的搞笑方式、明亮如鏡的眼睛照出軍隊的墮落、教會的貪婪腐敗，並且成功地嘲諷了整場戰爭，為第一次世界大戰下了個「捷克式的注腳」。

帥克對這場荒腔走板的鬧劇的解讀是「整個歐洲，人們就像牲畜般被趕往屠場，趕他們的是一幫屠夫——包括皇帝、國王和別的權勢——也包括各種支派的教士。在前線，彌撒總要做上兩台。一台是在軍隊開往前線的時候，一台是在爬出壕溝，在流血、屠殺之前。」帥克以他的愚行，引出當權者的愚蠢專橫、軍隊的腐敗墮落，和這場戰爭像酒館爭執的一群傻子。同時以荒誕反抗荒誕的方式，呈現被壓迫奴役的民族如何以愚昧的機智、無所謂的憨厚老實、幽默的熱忱，做為弱勢者反抗，與在異族統治下找到的生存之道。也因此「帥克」在今天代表了「大智若愚」、「遭強權壓迫、不幸而機智的小人物」。

當代捷克作家米蘭·昆德拉指出：「帥克亦步亦趨地模仿他周圍的世界，一個愚蠢的世界，結果人們無法分辨他是否真的也是愚蠢的。他輕而易舉地，同時又是歡快地適應了統治者的秩序，並非他發現了其中的意義，而是他發現了無聊和無意義。他逗自己開心，也逗他人開心，通過誇張的唯唯諾諾，把這個世界變成了一個大玩笑。」

這本小說不僅在結構上反傳統的敘事脈絡，人物上也違背出生入死英勇睿智的「好兵」形象，嘲諷所謂的第一次世界大戰毫不具神聖性。就如同西班牙作家塞萬提斯以《唐吉訶德》反騎士，哈謝克以《好兵帥克》反英雄，其意圖都在透過集矛盾於一身、既可喜又可悲的人物，反映壓迫者的荒淫腐朽、被壓迫者的不滿和自發的鬥爭。

❖ 跨域思考地圖

建立概念

一六二〇年白山戰役之後，捷克民族進入長達三百年之久的黑暗時期。《好兵帥克》筆下的帥克就是捷克人民面對外族壓迫，在長期鬥爭中形成的曲折反抗；也是藉由嬉笑怒罵幽默的人生態度拉開與現實的距離，以維護飽受摧殘的人的尊嚴，諷刺非正義戰爭的代表人物。這本小說開啟了二戰後「黑色幽默」小說先河，帶出約瑟夫．海勒《第二十二條軍規》等一系列政治批判的哲學思考。

黑色幽默是用喜劇形式表現悲劇內容的文學方法，具有隱喻和象徵的藝術特徵。《大英百科全書》的解釋是：「一種絕望的幽默，力圖引出人們的笑聲，作為人類對生活中明顯的無意義和荒謬的一種反響。」由此可知這種書寫策略具有相當明顯的社會意義。作家站在抨擊統治階級和權威的立場，卻對難以改變的社會環境充滿無力感，因此刻意運用漫畫式的誇張放大、扭曲乖僻的「反英雄」人物，呈現醜惡、畸形、陰暗的現實，以嘲諷其荒誕不經，滑稽可笑，表達內心絕望無奈、沉重苦悶的心情。

約瑟夫・海勒的《第二十二條軍規》、馮納古特的《第五號屠場》、湯瑪斯・品欽的《萬有引力之虹》都以第二次世界大戰為故事背景，但重點並不在戰爭，而在既是反體制的鬥士，也是懦弱、企圖逃避責任的反英雄人物。以《第二十二條軍規》而言，作者試圖以「根據第二十二條軍規，只有瘋子才能免除飛行任務，但必須由本人提出申請，基於能提出申請反而證明是正常人，所以還是得飛」，揭示世界到處暗藏著如此荒謬的圈套。

思辨指南針

人類有史以來的重大戰爭，不是為爭權奪利的王位繼承、仇恨對立的種族或宗教征伐，就是為民主尊嚴、國族生存的侵略與反侵略、殖民與反殖民起義。

戰爭的結果不是輸與贏兩字所能概括，因為漫長過程犧牲的是千萬無名士兵；任何冠冕堂皇的出師之名，都必須投注生命戰士的鮮血意志。正如張彩玲《影響世界歷史的五十場戰爭說明》：「從古代到現代，從國內到國外，每一場戰爭都是一個時代的濃縮。戰爭不僅是為了爭而戰，戰爭的意義比它本身更重要、更耐人尋味。戰爭不僅是將士之間力量的較量，還是策畫者之間思想與智慧的較量。凝視它，斑駁的畫面是血淚塗抹的底色；傾聽它，穿越時空的是痛苦的呻吟；玩味它，智人的、偉人的、愚人的、懦夫的目的攪拌成複雜的味道。」

從武力戰爭到商業競爭，激烈殘暴的手段、對峙搏鬥的過程、爾虞我詐的謀略，讓戰爭在每一時代、每一國家造成毀滅性的災難，也同時考驗人性，凸顯榮譽和為救亡圖存的民族精神。

思辨問題一：

面對強大政權統治，人民能逃脫被徵召參戰的命運嗎？帥克從軍所做所言是有意義的嗎？

觀點對話

黃春明〈戰士，乾杯！〉裡，父兄分別擔任日本兵、共軍及國軍。在不同政權掌控下的原住民無法決定自己的國籍和身分，「結構暴力」之下甚至成為政權聖戰的打手。這荒謬的歷史說明在強大政權下被宰制和難以逃脫的悲哀。

庖丁解牛的神技得之於：「依其天理，因其固然。」弱不敵強，寡不敵眾是本然狀態，若想正面對擊無異是螳臂當車，以卵擊石。帥克的作為合乎三十六計中的混水摸魚、笑裡藏刀、指桑罵槐、假癡不癲、隔岸觀火、聲東擊西，這樣的反抗看似無力，卻如太極拳在對方不察之間推出致命一擊。其意義既在無視於對方威權，否定其掌控力，表現出無畏無懼的態度。

思辨問題二：

戰爭，是解決問題最有效的方式，還是製造問題的元兇？

觀點對話

面對外強蓄意入侵不得不戰，如八年抗戰。這場戰役雖牽制日本，間接幫助盟軍在太平洋戰場反攻，打破日本擬與德國合作以打通歐亞大陸的目標。但全面投入戰爭的結果是整個中國淪為戰場，數千萬人喪生戰火、數百萬成為難民，經濟蕭條、共黨崛起、國民黨撤退台灣。

另如拿破崙為對抗歐洲反法同盟發動戰爭，與俄羅斯帝國之戰損失慘重，個人退位及流放。俄國也付出相當代價。托爾斯泰在《戰爭與和平》分析俄軍追擊法國人已經用盡一切力量，無論是逃跑還是被俘虜，等待他們的不是凍死，就是餓死，更何況戰線延伸至俄國內地，造成田園荒蕪村落焚燒。因此，戰爭看似解決某些問題，實則無可彌補的傷痛更巨大而深沉。

無論戰爭有多少理由，勝利與敗亡都是踏在死亡的鮮血之上。德國作家埃里希．瑪利亞．雷馬克的《西線無戰事》描述十九歲學生跟著同學加入第一次世界大戰志願兵，走進烽火連天的人間地獄，親見身邊的同學、戰友一個接著一個死去，自己被送往野戰醫院。戰爭還不知要持續多久，生者再度投入戰場，無情地將子彈射入和自己一樣年輕的身體裡。僥倖活了這一刻，下一秒一枚炸彈的彈片擊中腦門，自己也成為砲灰。

這是政治家玩弄的「文明」，為什麼死的是他們？

思考解決對策：本土化、經濟聯盟、無政府社運、民族運動

隨著捷克人民自行募款興建的布拉格民族戲劇院、學者收集捷克民間歌曲與神話傳

說、書寫捷克傳統風俗的文學作品，讓捷克人尋回語言、文化的民族認同感，也使被日爾曼民族及社會階級制度壓迫的捷克人民，重新尋回民族存在感。這是《好兵帥克》創作的背景，由此歷史經驗中顯示保存民族文化、以文學藝術傳承民族精神，凝聚民族認同意識，強大國族主義，不失為對抗強權，爭取獨立的策略。

其次，《好兵帥克》聲東擊西或出奇不意的嘲諷，也是尋常百姓發洩不滿情緒、表達心聲的方式。第一次世界大戰期間，哈謝克在布拉格投宿的旅館住宿登記簿上寫的國籍，是正和奧匈帝國交戰的「俄羅斯」，並附註「前來刺探奧國參謀本部的活動」。旅館立刻被警察包圍，這時他一臉無辜而真誠地回答這是為了「測試員警的辦事效率」，可見帥克就是哈謝克，藉愚弄奧匈帝國，讓對方一籌莫展。

另如懷抱烏托邦理想的無政府主義，以自願結社、自由、去中心化的理念來建立人際關係，反對權威及階層式組織，為眾多工人解放鬥爭帶來影響。錫蘭的大地主以及農場企業主導經濟，造就順利達成由英國手中權力轉移。

❖ 延伸思考寫作站

題目一

資料一

普魯士軍事家克勞塞維茨總結所經歷過的歷次重大戰役，著《戰爭論》，提出著名的觀點：

「戰爭是政治的延伸，戰爭的母體是政治。」

「戰爭的目的即是消滅敵人。因為政治鬥爭的目的便是消滅敵人，戰爭是這一目的最直接的表現。」

資料二

戰爭受害最深的是孩子，而孩子如何看待戰爭？二〇一三年十二月，路透一位在敘利亞的戰地攝影記者殉職，他十七歲。透過他的鏡頭，我們看到這個大孩子眼中的戰爭。不同於一般戰地照片的沉重，他的作品充滿天真的清新，譬如，一位十一歲小戰士，原本扛槍的手，此刻捧著食物小心翼翼向街貓走去，他要餵貓；一位穿著迷彩服的軍人，嚴肅卻溫柔的摸著一隻大狗，狗兒瞇起了眼睛；一間簡陋的客廳，一個軍人正用奶瓶滴餵兩隻瘦得見骨的幼貓。還有一個七、八歲左右的男童在街頭賣蛋糕，他的顧客比他年齡略大，旁邊幾個年齡相仿的孩子，個個笑得如陽光。「歲月靜好，現世安穩」，這正是他的戰地照片默默傳達的悲願。他的記者生涯僅短短七個月。

沈珮君〈他們是我們不能閉上的雙眼〉，聯合報二〇一五年九月十五日

請透過網路蒐尋一張最具震撼力的戰爭照片，描述該照片所呈現的狀況、戰爭背景，並提出你對戰爭的看法、評論或感發。

題目二

資料甲

無政府主義者的核心信條之一，是平民百姓可以憑自己的力量創造出合理而公正的社會秩序，而不需要依賴立基於強制力的國家體制，這是人民面對壓迫時的可能逃脫策略，也是對抗國家治理、階級暴力的方式。如服膺愛國主義，為了實現國家的目標，

光榮投入戰役的德國士兵，付出了慘痛的代價；但實際上能不服從此泯滅人性戰爭的逃兵，是否更具良知？因此無政府主義者在城市廣場放置各種逃兵的紀念象徵，公開質疑服從的價值，「紀念這些拒絕屠戮自己同胞的人」，挑戰幾乎放諸四海皆準的「無名士兵」主旋律。

改寫自詹姆斯．斯科特《人類學家的無政府主義觀察：從生活中的不服從論自主、尊嚴、有意義的工作及遊戲》

資料乙

陶淵明在桃花源詩中說明政治思想：「雖無紀歷志，四時自成歲。怡然有餘樂，於何勞智慧。」表明不要標寫皇權年號，並用「春蠶收長絲，秋熟靡王稅。」直接否定君權，構製成桃源社會沒有階段、沒有剝削壓迫、沒有君主的理想世界。

閱讀完資料甲、乙之後，請以「我對無政府主義的看法」為題，說說你的立場、主張和見解。

奴役宰制，極權領導

——喬治．歐威爾《動物農莊》

思考焦點：共享共產的理想生活型態能長期持續嗎？當掌握權力時，你是否能堅守對公平正義，追求眾人的福祉？獨裁統治是否是必要的管理手段？

❖今天讀什麼？

喬治．歐威爾（George Orwell，一九〇三—一九五〇年），英國作家，記者和社會評論家。

歐威爾生於英屬印度孟加拉，父親任職印度總督府鴉片局，母親為緬甸木材商之女。全家返回英國後，就讀私立寄宿小學的他受到鞭子、等級、規範、恃強凌弱等嚴格而現實的管束。其後依靠獎學金，進入英國最著名的貴族學校伊頓公學。但窮學生的背景使他備受歧視，也因家庭無力供給升學，未滿二十歲的他只得當英國在緬甸的殖民警察。

緬甸服役五年，正值民族主義高漲的時期，他看盡審判監禁、鞭笞絞刑中殘暴的人性，面對同情牢犯卻必須負責鎮壓的糾結，反思殖民主義的殘酷。這不僅塑造其文學視野，成為《絞首刑》、《緬甸歲月》的創作素材，還讓他斷然離開公職。接下來的四年間，他以當酒保、洗碗工、家庭教師、書店店員和碼頭工人維生，深刻感受社會邊緣人所受的不公不義，寫成《巴黎與倫敦的落魄記》一書。

歐威爾一生反社會、反金錢權力控制，與貧困的生活和緬甸經歷密切相關。一九四五年發表的《動物農莊》以寓言故事講述緬甸從英國獨立，又被軍政府控制的過程；一九四九年出版的《一九八四》是政治幻想小說，描寫軍政府控制緬甸下的情形。他反極權主義的立場及為貧苦大眾喉舌的使命感，成為今天很重要的思想力量，有句話說：「多一個人看歐威爾，多一份自由的保障。」在媒體資訊主導的時代，原本對極權主義政權的扭曲與種種管控的描繪，似乎也以另一種形成存在，譬如「老大哥在看你」、使用「假新聞」形成「另一種事實」、「政治正確」規範的「新話」……，無怪乎歐威爾被譽為二十世紀最重要、最具影響力的小說家之一。

書摘

「同志們，我現在要問的是，活著的意義是什麼？讓我們面對現實吧，我們的一生既悲慘又辛勞，而且稍縱即逝。出生之後，我們每天所得到的食物只夠滿足身體基本需求。我們當中較有力氣的總是被迫為工作竭盡精力，一旦我們不再有用處，馬上就會遭到殘忍屠殺。英格蘭所有動物在滿週歲後都忘了什麼是快樂或悠閒。在英格蘭，沒有一隻動物是自由的，動物的生活等於悲慘與苦役，事實擺明了就是如此。

「但這真是自然法則嗎？是不是因為我們居住的土地過於貧瘠，所以這裡的動物無法過舒適的生活？不是這樣的，同志們，絕對不是！英格蘭的土壤肥沃、氣候良好，也因此物產豐饒，養活現在居住於此的動物綽綽有餘，就算有更多更多的動物也不成問題。光我們這座農莊就能養十二匹馬、二十頭牛和幾百隻羊，而且他們的生活會超乎我們想像地舒適、有尊嚴。那麼，為什麼我們還是過得這麼悲慘呢？那是因為我們勞力生產的成果幾乎都被人類竊占了。同志們，我們所有的問題有一個共同的答案，這答案能用一個字眼來簡單說明——人類。人類是唯一真正的敵人，只要把人類趕走，飢餓、過勞等問題就能從根本解決，不再出現。

「人類是唯一只消費而不事生產的傢伙，他們不產乳、不下蛋、力氣太小無法拉犁、跑得不夠快不能抓兔子，但卻是所有動物的統治者。人類驅役動物，只給他們僅夠止飢的稀少糧秣作為回報，自己卻占走大部分食物。我們付出勞力耕地、以糞便肥沃土壤，換得的卻只是這身皮囊。你們這群坐在我面前的乳牛去年產奶量有幾千加侖？這些本該用來餵養健壯小牛的牛奶到哪去了？它們一點一滴都流進我們敵人的喉嚨裡。還有你們這些母雞，去年生了多少顆蛋？其中有多少孵化成小雞？其他全被拿到市場賣，為瓊斯和其他人增添收入。還有你，幸運草，你生的四匹小馬在哪裡？他們原本是你晚年的依靠與慰藉，但是都在一歲的時候就被賣掉，你以後也無法再見到他們。你四次懷胎而且在田裡辛勤工作，但是除了稀少的食物和一間馬廄還得到什麼嗎？

「再者，過著悲慘生活的我們也沒辦法壽終正寢。我自己是不會有怨言，因為我夠幸運的了。我現在十二歲，有四百多頭後代，這樣的生活對一頭豬來說再自然不過。但是沒有一隻動物逃得過殘忍的最後一刀。你們這群坐在我面前的年輕肉豬一年內全會在屠刀下慘叫喪生。我們都得面對這份恐懼——牛、豬、雞、羊，每隻動物皆然，馬和狗也不會有比較好的下場。你，拳擊手，瓊斯會在你氣力用盡那天把你賣給屠馬業者，讓他割斷你的喉嚨，把你煮來給獵狐犬吃。至於狗，當他們老了、牙齒掉光了，瓊斯會在他們脖子上綁一塊磚，在附近的池塘淹死他們。

「同志們，這樣還不夠清楚嗎？我們生活中所有的不幸都來自人類的暴虐。唯有趕走人類，勞力的成果才會歸我們所有，可以說在一夜之間，我們就能成為富有、自由的動物。那麼，我們該怎麼做呢？沒錯，我們要日以繼夜地奮鬥、投注所有心力，只求推翻人類！這就是我要傳達給你們的訊息，同志們，抗爭！我不知道抗爭什麼時候會開始，也許一週之內，或者百年之間，但是我知道正義遲早會到來，我非常確定，就像我看得到腳下的稻草一般。同志們，用你們剩下的短暫生命好好看著！還有，最重要的是，將我的訊息傳達給你們的後代，這樣他們才會持續地奮鬥下去，直到成功為止。

＊＊＊

雪球（因為他最會寫字）前蹄拿起刷子，塗掉柵門最上方橫木的「曼諾農莊」四個大字，改成「動物農莊」，作為這座農莊今後的名稱。完成後，他們回到倉舍，雪球與拿破崙要動物搬來梯子，靠在大穀倉牆邊。他們解釋說，根據過去三個月的鑽研，豬群成功將動物主義的原則歸納成七誡，這七誡現在要寫在牆上，當作動物農莊內所有動物必須遵從的不變律法。雪球費了一番功夫（因為要豬在梯子上保持平衡是件難事）才爬上梯子開始作業，尖叫者則在雪球下方托著油漆罐。在塗滿瀝青的牆壁上，雪球以斗大的白色字體寫下七誡，就算在三十尺外都看得見。此七誡為：

一、雙足行走者皆為敵人；

二、四足行走或者具翅膀者皆為朋友；

三、不可穿衣；

四、不可睡於床上；
五、不可飲酒；
六、不可殺害其他同類；
七、動物一律平等。

＊＊＊

遊行隊伍由豬帶頭，接著依序是馬、牛、羊、家禽，狗走在隊伍兩旁，最前面則是拿破崙的黑公雞。拳擊手及幸運草總一起咬著一塊綠色布條，上面畫有蹄子和角以及「拿破崙同志萬歲！」幾個大字。詩作朗誦會在遊行後舉辦，所有作品的主題都在歌頌拿破崙。接著則是尖叫者演講時間，通常在細數最近食物產量的增加情形。除此之外，時而會有鳴槍儀式。綿羊是自發表演最熱情的參與者，如果有動物犯嘀咕（有些動物偶爾會趁豬或狗不在身邊的時候發些牢騷），覺得這是在浪費時間，還得在寒冷的天氣中站那麼久，羊群便會放聲高喊「四足善，雙足惡」來讓抱怨的動物閉嘴。不過，動物們大致上還滿喜歡這些慶祝活動的，那讓他們體會到自己是真正的主人、所做的工作都是為了自己，進而從中獲得慰藉。在歌曲、遊行、尖叫者的一長串數據、鳴槍聲、雞啼聲和飄揚的旗幟中，動物們忘記飢餓之苦，或至少暫時將之拋到腦後。

四月時分，動物農莊宣布組成共和國，需要選出一位總統，而候選人只有拿破崙一個，所以全體贊成通過。同一天，有消息說找到了新的文件證據，能夠進一步證明雪球和瓊斯狼狽為奸。而且現在看來雪球不只如大家所想的打算耍詭計輸掉牛棚之戰，他還公開幫瓊斯做事。實際上，他才是人類的首領。衝進戰場時，他嘴裡喊的是「人類萬歲」。有些動物還記得看過雪球背上的傷，其實那是拿破崙咬的。

節錄自《動物農莊》（喬治．歐威爾／著；陳枻樵／譯），二〇一〇，麥田出版

❖經典放大鏡

解構文本脈絡

動物反撲，獨立自主↓訂下規範，互助合作↓獨裁專權，強勢壓迫↓利益勾結，動物成奴

圖說核心概念

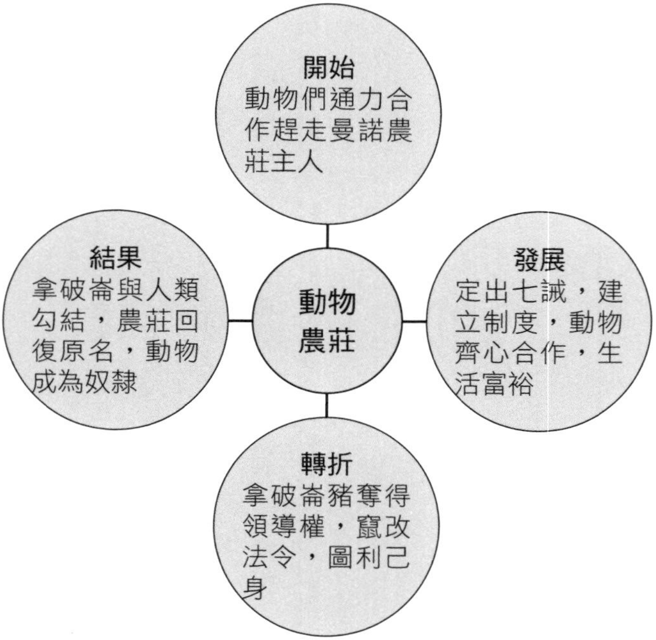
開始
動物們通力合作趕走曼諾農莊主人
發展
定出七誡，建立制度，動物齊心合作，生活富裕
動物農莊
轉折
拿破崙豬奪得領導權，竄改法令，圖利己身
結果
拿破崙與人類勾結，農莊回復原名，動物成為奴隸

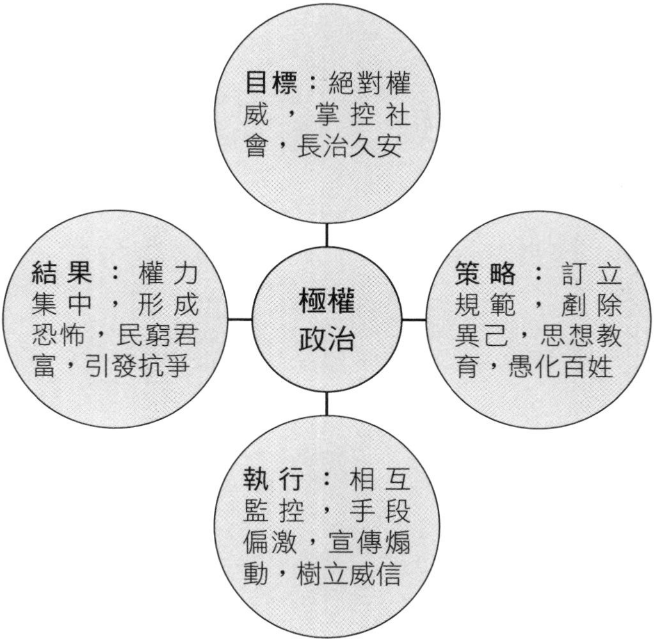
目標：絕對權威，掌控社會，長治久安
極權政治
結果：權力集中，形成恐怖，民窮君富，引發抗爭
策略：訂立規範，剷除異己，思想教育，愚化百姓
執行：相互監控，手段偏激，宣傳煽動，樹立威信

深度解析文本內涵與意義

《動物農莊》敘述曼諾農莊一隻德高望重的老豬，提出「人類剝削牲畜，所以牲畜們必須起來革命」之動物主義理論，鼓吹動物們付諸行動推翻主人，爭取活的尊嚴、自由平等的權利。

抗爭從開始到成功過程出乎預料快速而輕鬆，他們將農莊改名為「動物農莊」，成為一座由動物自治的農場，由最聰明的豬群為首，制定動物主義思想系統，並立下以「所有動物一律平等」為終極目標的七誡。動物們終於可以自己作主，不再有蹂躪壓榨，農場運作順暢，食物充沛，動物們幸福愉快。雪球豬進一步規畫全體商議共同事務、成立動物指揮部、委員會開辦打鐵、木工等技藝班、組建讀寫班，讓所有動物都不同程度地掃了盲。

豈料農莊內身形巨大、長相凶殘、為所欲為的拿破崙豬，不動聲色地養起惡犬，踢下雪球豬，奪得最高領導人的位置。在凶狠的狗群隨時跟在身旁的陣勢下，動物們縱有疑慮也不敢不從。拿破崙一方面提出改革計畫，驅使動物們為建設風車不眠不休地工作，為共體時艱忍受配給糧食減少；另方面為鞏固領導地位，整肅異己趕盡殺絕，汙名化雪球。人類幾度進攻農莊，風車被炸毀，動物死傷慘重，逃避征戰毫髮無傷的拿破崙宣稱自己是英雄。

在造勢和洗腦之下，拿破崙堂而皇之竄改法條，搬進主人居住的農舍，不僅打破「任何動物不能穿衣服、不能睡床鋪、不得飲酒」的戒律，學人類飲酒作樂、睡在人類的床上。並且無視當初「凡靠兩條腿行走的，全是仇敵」的原則。為享用蜂蜜和酒，偷走雞群的雞蛋賣給人類，甚至將造反運動解釋為誤解，原來的「四足善、兩足惡」也被學會用兩腿走路的牠，改成「四足善、兩足更善」，「動物農莊」也改回原本的「諾曼農莊」。動物們又回到最初被奴役、被剝削的奴隸生活，那個永遠信仰「拿破侖同志永遠正確」，口中不斷叨念著「我要更加努力工作」的拳擊手在過度勞累受傷之後，竟被拿破崙賣給屠馬場，以換取威士忌。

這不公不義、荒唐可笑的結局應證了「你以為在為自己努力，其實只是在為高層服務而已。」「勞動階級為了更平等的生活而揭竿起義，但當權力到手後，卻換了位置就換了腦袋，複製從前統治者的行徑，還變本加厲，這些憤起造反的人最後又淪為新的奴隸的動物」，生活苦不堪言。

小說在「外頭的動物看看豬又看看人，看看人又看看豬，接著又看看豬再看看人，眼前已是豬人難辨」下結束，明顯宣告以動物社會諷刺人類世界。以此推想，「人類剝削牲畜，所以牲畜們必須起來革命」的動物主義理論，便是歐威爾「反極權主義」的主張；制定「七誡」以及相關規範、成立動物指揮部、委員會，意味著彼此進入自由無私、互助成長的理想國。

然而，自私自利的本性讓權力無限上綱，誰在乎革命初衷和精神？拿破崙豬變成更壞的農場主人，混淆視聽，合理化暴行的言說如煙霧彈模糊了是非，假著新秩序的名目自改變治理結構、取消動物大會，改以豬隻為主的委員會統一管理、坦白罪狀公開處決政敵，建立恐怖政治的一言堂，奴役曾經起義的革命同志。

歐威爾於散文〈Why I Write〉提及寫作動機，是梳理歷史和政治目的。鑒於二次大戰為擊敗軸心國連線，英美國政府選擇與共產蘇聯結盟，英國知識分子盛讚史達林，而罔顧一九一七年「十月革命」推翻帝俄沙皇，建立共產政權的權力爭奪。小說裡的人物動物也都具有影射意思：動物農莊的舊主人，象徵封建帝制王朝被共產黨人推翻的沙皇尼古拉二世。最早提出推翻人類的老豬，是鼓吹並著述共產社會主義的先驅者列寧與馬克思。透過暴力手段而成為領導是當時的蘇共獨裁者史達林，也是作者主要批判的對象——假社會主義之名、行極權主義之實的極權政治。至於走狗顯見是政權的幫兇，背後操控的特務情報組織；無怨無悔服從領導，勞累致死被宰殺的是成千上萬的平民老百姓；少數支持革命，對豬的作為心生懷疑的是新世代知識分子。

動物農莊的七誡最後只剩下「所有動物一律平等，但一些動物比其他動物更加平等」，這似乎說明了歐威爾對於真正平等的期待與質疑。蘇聯、中國的極權仍在，許多方式的專權思維與社會型態仍在，也讓這本小說充滿反諷、寓言的深刻意義。

❖跨域思考地圖

建立概念

總結馬克思和恩格斯社會和政治本質理論的《共產黨宣言》，基於「社會不是由個體構成的，而是由眾多社會關係所建構出的集體，個體的角色是由這些集體關係所定義。」在宣言的第一部分「資產階級和無產階級」中，闡明「迄今為止所有現存社會的歷史都是階級鬥爭的歷史」，如工人、無產階級與資方之間的鬥爭。資產階級不斷地利用無產階級的勞動力，為自己創造利潤並積累資本，實則是自掘墳墓，無產階級必然會意識到自己的潛力，通過革命推翻掌握權力的資產階級。

第二部分「無產者和共產主義者」，強調捍衛整個世界無產階級的獨立、所有民族的共同利益。具體措施包括累進所得稅、廢除遺產和私有財產、童工，免費的公共教育、運輸和通訊國有化、通過國家銀行集中信貸、擴大公有土地等。

《動物農莊》演繹馬克思從歷史論述的階級鬥爭，將導致無產階級的革命反抗。而無產階級（僅從勞動取得收入的產業工人）統治的政體，廢除資本主義，卻無法創建一個新的無階級社會，反而成為趕盡殺絕的新權貴，豬人難辨手段殘暴的新霸權。

思辨指南針

一九三六年，歐威爾參加由西班牙共產黨領導的共和軍，支援反弗朗哥的西班牙內戰，親見由共產國際縱隊內部的權力鬥爭和清算殺戮，歐威爾被視為「狂熱的託派分子」，受到嚴密監控和搜查。史達林成功掌權，樹立個人崇拜，對黨、政、軍領導人、少數民族以至普通幹部和群眾進行大量逮捕，關押在古拉格集中營裡，或流放勞改和屠殺，造成百萬人遭受身體和精神上的虐待，在飢餓、疾病中死亡。

歐威爾也在撤退到巴賽隆納之後，遭受到共和軍追殺，這讓他以敏銳的洞察力和犀利的文筆審視和記錄時代，做出許多超越時代的預言，被稱為「一代人的冷峻良知」。與《一九八四》裡象徵極權統治無所不在的老大哥、不容存在任何個人意志的監控，在在表明歐威爾反蘇和反共的極權主義，支持所理解的民主社會主義的立場。

一九二五年出現的極權主義一詞，強調國家權力對社會生活的全面滲透與控制，包括德國的納粹主義和蘇聯史達林的共產主義。這個源自共產的政治理念，史無前例的新的統治形態卻走向暴虐恐怖的監控屠殺，扭曲變形的極端強權。難道由資本主義的資本與生產階級之間，沒有其他和平共榮的路可走了嗎？馬克思的共產與孔子的大同世界、柏拉圖理想國和今日聯合國致力的和平願景，其間的差異與途徑又是什麼？

思辨問題一：

《動物農莊》七誡的關鍵思維是？動物自治的組織型態，在真實世界中是否能如願？

七誡伸張動物社會平等、和平、友善、互重的倫理，及與人類對立、保持動物天性的態度。

儘管自然中有食物鏈、弱肉強食的生存現實，但不可否認的是在人跡罕至的非洲、美洲大陸，動物在原始叢林裡是自由的，各自在擁有的地盤組織權力，靠與生具有的本領尋獲資源繁衍後代。原住民視大地上的一切都是兄弟手足，山川雨露牛羊鳥獸都是生命裡最親密的朋友，最溫暖的家人。

他們獵得動物僅為活口，而非當成交易的商品。但人性各自為己、擺脫匱乏的安全感需求，與資本社會私有財產的觀念下，如瓜地拉馬作家阿斯圖里亞斯《玉米人》控訴殖民者入侵，把所有人與土地當成累積財富的工具：「種玉米的人幾小時便能燒掉一大片森林，要是為了活口也就罷了，他們拿玉米作買賣，只會讓玉米做的人遭受飢荒。肥美的土地原本可以染紅了一片甘蔗、可可、咖啡和熠熠生輝的小麥、香蕉，但他們毫無興趣，寧可把土地消耗殆盡，自己仍是被商人榨乾的窮光蛋。」

思辨問題二：

馬克思的《資本論》針對十九世紀工業全球化，生產力與社會財富快速增長，但窮人依舊生活艱苦朝的現象，提出「資本主義發展的動力源於資本再生產過程中對勞動者的剝削和異化」的看法。

要解決資本主義的結構性矛盾及經濟危機的方法是推翻資本主義制度，用公有制取代私有制，由社會中心統一安排社會生產。這樣的社會主義是否能達到合理的生活，保障個人的權益？以今日世界狀態觀察，是否有更好的發展模式？

觀點對話

馬克思認為資本家與生產者是對立的，因此擴大二者之間種種不可克服的矛盾和弊端，推論矛盾激化到某種的程度時，必會引發階級鬥爭擊垮資產階級，社會主義的共產公有制度會取代強勢的企業模式。

馬克思主義認為社會的發展是由物質力量決定，社會最終被割裂為兩個利益直接對立的階級，而階級鬥爭推動社會進步。但是勞資難道不能形成合作共同體嗎？

瑪格麗特．赫弗南在《未來的競爭力不是競爭》提到，這個時代最大的危機，就是把競爭當作解決一切複雜挑戰的萬靈丹。事實上，競爭不僅帶來大量生產與低價化，也導致奴役勞工、破壞環境與經濟沉淪等問題，是以面對未來，商業競爭必須從過往的針鋒相對，走向合作共享。

二十一世紀初，商業戰略專家普拉哈拉德（Prahalad et al）提出「共創價值」競爭理論，意指企業面對未來的挑戰，必須找出與消費者共同創造價值的方法。如國際間的聯盟、商業界藉由建立企業與消費者之間的「共創」網路平台，開創新契機，以及無數社群合作，都是消弭勞資對立，形成共利共榮的合作模式。

思考對策：分權政治體制、憲法保障人權、啟迪民智，提升社會參與意識、互助分享的道德感

漢娜．鄂蘭在《極權主義的起源》一書中揭開極權主義和帝國主義密切的歷史關係，並分析：「過去任何專制獨裁，無論如何殘暴，都沒有如極權主義一般，把人區分

成『理應消滅的人種或階級』，而以『集中營』或『勞改營』為場所，進行集體的改造與屠殺。但極權主義的侵略性並非產生於對權力的渴望，既不是為了擴張，也不是為了利益，而只是出於意識形態的理由：使世界達到連貫一致，證明它的各方面的意義是正確的。」

抑制極權暴力發展的方式是貫徹民主政治，無論是內閣制、三權分立、總統與國會制，讓人民選出的民意代表行使決策權力。行政權力受到法治的監督和限制，法律保障人民的權利和自由。

根據馬斯洛需求理論，在基本生理需求之外，人追求愛與被愛的歸屬感、成就感，乃至最高的自我實現。因此企業管理者與國家領導階層應就參與計畫、自主行動、獲得認同滿足自我實現的動機與需求。如《動機與人格：馬斯洛的心理學講堂》、《第五項修練：學習型組織的藝術與實務》所提出優心態管理，以開明方式提供每個人創造發揮精進的空間，形成優秀的社會組織型態。

此外，如楊照〈以多元防堵極權〉所言：「極權主義最可怕的地方，在於其對「一元性」及一元性能帶來的效率的崇拜。因而反過來，要防止極權主義興起、坐大，最徹底的方式就是強調、珍惜多元現象。」當人們具有多角度分析批判事理的透達力，和對社會事務的關懷感和道德感，便能發揮民主精神對抗極權，捍衛自由。

❖延伸思考寫作站

題目一

每上一層樓，正對著電梯門的牆上就有那幅畫著很大臉龐的招貼畫凝視著。這是屬於這樣的一類畫，你不論走到哪裡，畫面中的眼光總是跟著你。下面的文字說明是：老大哥在看著你。

大約四十五歲的男人的臉，留著濃密的黑鬍子，面部線條粗獷英俊。不論你走到哪裡，這幅畫面中的眼光總是跟著你。你發出的每一個聲音都是有人聽到的，每一個動作都是有人仔細觀察。

政府機構是倫敦僅有的四所高大建築：真理部負責新聞、娛樂、教育、藝術說謊（宣傳）；和平部負責戰爭；仁愛部維持法律和秩序（施加酷刑和洗腦）；富裕部負責經濟事務（定量配給和讓人民飢餓）。

真理部是一個龐大的金字塔式的建築，從溫斯頓站的地方，正好可以看到黨的三句口號，用很漂亮的字體寫在白色的牆面：

「戰爭就是和平」

「自由就是奴役」

「無知就是力量」（《一九八四》喬治．歐威爾／著）

（一）請就你的理解，請說明「老大哥在看著你」的象徵意涵。

（二）請推想政府機構中的四部門、三口號的作用與結果。

（三）請根據上述，反思於此處境下的人生存的意義。

題目二

孔子曰：「大道之行也，與三代之英，丘未之逮也，而有志焉。大道之行也，天下為公：選賢與能，講信修睦。故人不獨親其親，不獨子其子；使老有所終，壯有所用，幼有所長，矜、寡、孤、獨，廢疾者皆有所養；男有分，女有歸。貨，惡其棄於地也，不必藏於己；力，惡其不出於身也，不必為己。是故謀閉而不興，盜竊亂賊而不作，故外戶而不閉。是謂『大同』。」

《禮記．禮運》描述孔子的理想世界，試推想領導者與人民須具備那些素養和體認才能實現並長久維持如此和樂美善的社會？

國際變遷

《西遊記》
《大疫年紀事》
《科學怪人》
《三四郎》

跨界移動，文化交流

——吳承恩《西遊記》

思考焦點：兩地互動中，對雙方造成的影響是？如何達到互利共榮？

❖今天讀什麼？

吳承恩（一五〇六－一五八二年），江蘇省淮安人，明代小說家。父好談時政，鬱抑不平，棄儒為商，性格樂觀曠達，奉行常樂哲學，為子取名承恩，期望能讀書做官，上承皇恩，下澤黎民，做一個青史留名的忠臣。吳承恩自幼聰慧，喜讀野言稗史、志怪小說，詩文下筆立成，清雅流麗，得官府、名流和鄉紳的賞識，將私藏的圖史分其半與之。

科考不利，至約五十歲才補上歲貢生，到北京等待分配官職，沒有入選。後因母老家貧，任浙江長興縣丞，與友人寄趣於詩酒之間，表現出疏狂自傲，不同時流的風骨。終因受人誣告，看不慣官場的黑暗，拂袖而歸，流寓南京，賣文為生，貧老以終。

吳承恩一生創作豐富，但因家貧無子女，作品多散失，《西遊記》是其最著名的代表作，在不同時代以各種形式翻新改編，故事中的人物和情節也成家喻戶曉的共同記憶。

書摘

唐僧換了衣服，披上錦襴袈裟，戴了毘盧帽，手持錫杖，登堂拜辭大仙。大聖引著唐僧等，徐徐緩步，登了靈山。不上五六里，見了一道活水，響潺潺滾浪飛流，約有八九里寬闊，四無人跡。三藏心驚道：「悟空，這路來得差了，敢莫大仙錯指了？此水這般寬闊，這般洶湧，又不見舟楫，如何可渡？」行者笑道：「不差，你看那壁廂不是一座大橋？要從那橋上行過去，方成正果哩。」長老等又近前看時，橋邊有一扁，扁上有「凌雲渡」三字，原來是一根獨木橋。

三藏心驚膽戰道：「悟空，這橋不是人走的，我們別尋路徑去來。」行者笑道：「正是路，正是路。」八戒慌了道：「這是路？那個敢走？水面又寬，波浪又湧，獨獨一根木頭，又細又滑，怎生動腳？」行者道：「你都站下，等老孫走個兒你看。」

好大聖，拽開步，跳上獨木橋，搖搖擺擺，須臾跑將過去，在那邊招呼道：「過來，過來。」唐僧搖手。八戒、沙僧咬指道：「難難難。」行者又從那邊跑過來，拉著八戒道：「獃子，跟我走，跟我走。」那八戒臥倒在地道：「滑滑滑，走不得，你饒我罷，讓我駕風霧過去。」行者按住道：「這是甚麼去處，許你駕風霧？必須從此橋上走過，方可成佛。」八戒道：「哥啊，佛做不成也罷，實是走不得。」他兩個在那橋邊扯扯拉拉的耍鬥，沙僧走去勸解，才撒脫了手。

三藏回頭，忽見那下溜中有一人撐一隻船來，叫道：「上渡，上渡。」長老大喜道：「徒弟，休得亂頑。那裡有隻渡船兒來了。」他三個跳起來站定，同眼觀看，那船兒來得至近，原來是一隻無底的船兒。行者火眼金睛，早已認得是接引佛祖，又稱為南無寶幢光王佛。行者卻不題破，只管叫：「這裡來，撐攏來。」霎時撐近岸邊，又叫：「上渡，上渡。」三藏見了，又心驚道：「你這無底的破船兒如何渡人？」佛祖道：「我這船：鴻濛初判有聲名，幸我撐來不變更。有浪有風還自穩，無終無始樂昇平。六塵不染能歸一，萬劫安然自在行。無底船兒難過海，今來古往渡群生。」

孫大聖合掌稱謝道：「承盛意，接引吾師。——師父，上船去。他這船兒雖是無底卻穩，縱有風浪也不得翻。」長老還自驚疑，行者扠著膊子，往上一推。那師父踏不住腳，轂轆的跌在水裡，早被撐船人一把扯起，站在船上。師父還抖衣服，垛鞋腳，抱怨行者。行者卻引沙僧、八戒，牽馬挑擔，也上了船，都立在之上。那佛祖輕輕用力撐開，只見上溜頭決下一個死屍。長老見了大驚。行者笑道：「師父莫怕。那個原來是你。」八戒也道：「是你，是你。」沙僧拍著手，也道：「是你，是你！」那撐船的打著號子，也說：「那是你，可賀，可賀。」他們三人也一齊聲相和。撐著船，不一時，穩穩當當的過了凌雲仙渡。三藏才轉身，輕輕的跳上彼岸。有詩為證。詩曰：「脫卻胎胞骨肉身，相親相愛是元神。今朝行滿方成佛，洗淨當年六六塵。」此誠所謂廣大智慧，登彼岸無極之法。

＊＊＊

四眾上岸回頭，連無底船兒卻不知去向。行者方說是接引佛祖。三藏方才省悟，急轉身，反謝了三個徒弟。行者道：「兩不相謝，彼此皆扶持也。我等虧師父解脫，借門路修功，幸成了正果；師父也賴我等保護，秉教伽持，喜脫了凡胎。師父，你看這面前花草松篁、鸞鳳鶴鹿之勝境，比那妖邪顯化之處，孰美孰惡？何善何凶？」三藏稱謝不已。一個個身輕體快，步上靈山。

那長老手舞足蹈，隨著行者，直至雷音寺山門之外。三山門內原是打供的神僧，聞得唐僧到時，急至大雄殿下，報與如來至尊釋迦牟尼文佛說：「唐朝聖僧，到於寶山，取經來了。」佛爺爺大喜。即召聚八菩薩、四金剛、五百阿羅、三千揭諦、十一大曜、十八伽藍，兩行排列。卻傳金旨，召唐僧進。那裡邊一層一節，欽依佛旨，叫：「聖僧進來。」

四眾到大雄寶殿殿前，對如來倒身下拜。拜罷，又向左右再拜。各各三匝已遍，復向佛祖長跪，將通關文牒奉上。如來一一看了，還遞與三藏。叫：「阿儺、伽葉，你兩個引他四眾到珍樓之下，先將齋食待他。齋罷，開了寶閣，將我那三藏經中，三十五部之內，各檢幾卷與他，教他傳流東土，永注洪恩。」

二尊者陪奉四眾餐畢，卻入寶閣，開門登看。那廂有霞光瑞氣，籠罩千重；彩霧祥雲，遮漫萬道。經櫃上，寶篋外，都貼了紅簽，楷書著經卷名目。

那唐長老正行間，忽聞香風滾滾，只道是佛祖之禎祥，未曾隄防。又聞得響一聲，半空中伸下一隻手來，將馬馱的經輕輕搶去。八戒去追趕，見經本落下，遂與行者收拾，背著來見唐僧。沙僧接了抱著的散經，打開看時，原來雪白，並無半點字跡。三藏叫：「通打開來看看。」卷卷俱是白紙。長老短嘆長吁的道：「我東土人果是沒福，似這般無字的空本，取去何用？怎麼敢見唐王？誑君之罪，誠不容誅也。」

行者早已知之，不多時到於山門之外，眾皆拱手相迎，笑道：「聖僧是換經來的？」三藏點頭稱謝。眾金剛也不阻擋，讓他進去，直至大雄殿前。行者嚷道：「如來，我師徒們受了萬蜇千魔，千辛萬苦，自東土拜到此處，蒙如來分付傳經，被阿儺、伽葉措財不遂，通同作弊，故意將無字的白紙本兒教我們拿去。我們拿他去何用？望如來敕治。」佛祖笑道：「白本者，乃無字真經，倒也是好的。因你那東土眾生愚迷不悟，只可以此傳之耳。」即叫：「阿儺、伽葉，快將有字的真經，每部中各檢幾卷與他，來此報數。」

伽葉進閣檢經，一一查與三藏。行者牽了馬，唐僧拿了錫杖，按一按毘盧帽，抖一抖錦袈裟，才喜喜歡歡，到我佛如來之前。二尊者即開報：「在藏總經共三十五部，各部中檢出五千零四十八卷，與東土聖僧傳留在唐。現俱收拾整頓於馬馱人擔之上，專等謝恩。」

節錄自《西遊記》（吳承恩／著）

❖經典放大鏡

解構文本脈絡

唐僧驚過獨木橋→坐無底的船兒，見脫卻胎胞骨肉身→步上靈山，見如來、佛祖，獲贈經書→再度至大雄殿，將無字經書換回經書，度化東土

圖說核心概念

之一：玄奘取經悟道

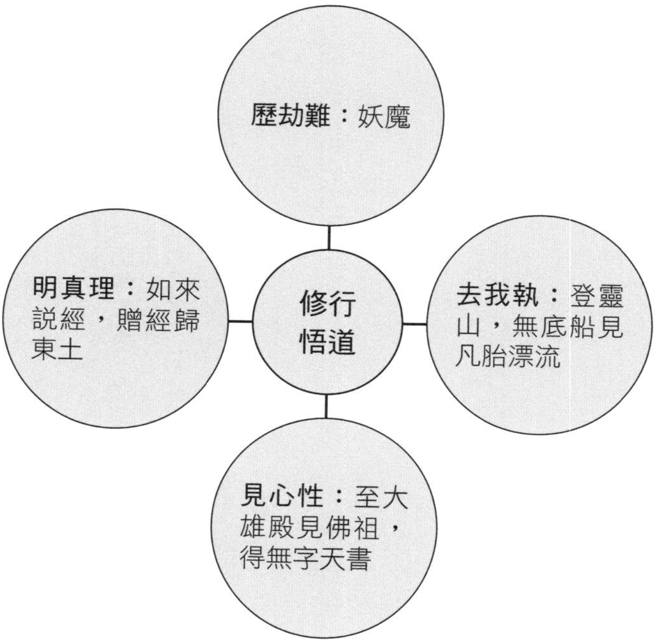

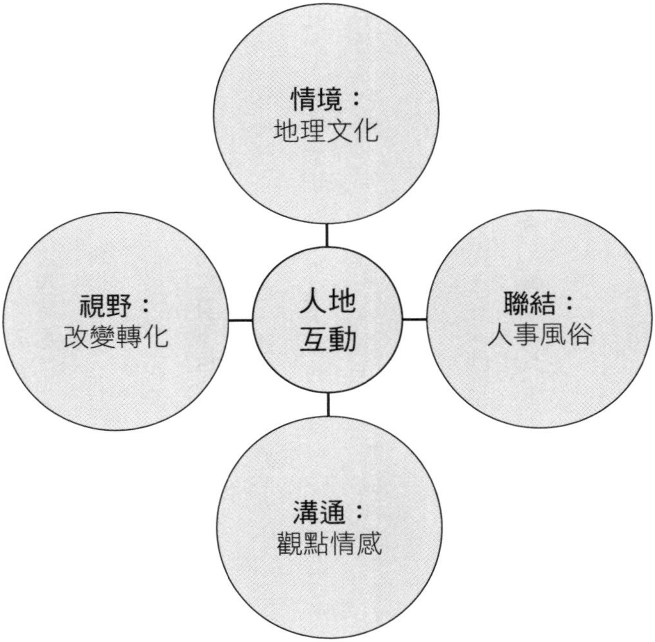
情境：
地理文化
視野：
改變轉化
人地
互動
聯結：
人事風俗
溝通：
觀點情感

深度解析文本內涵與意義

列為中國四大奇書的《西遊記》，以《大唐西域記》唐玄奘真人真事的史實記載為基底，宗教和民間故事、戲曲傳說渲染神魔色彩，最後由明朝吳承恩編寫成百回本。

《舊唐書》記載玄奘為探求真理遍訪師友，質疑問難，發現譯經多誤，因此決定往「西天」印度取經。隨商隊前往西域十七年歷程中，玄奘一方面以講經論道與各國交流，另方面積極學習異邦語言、觀覽民風異俗及山川景物物產。這趟「經百餘國」的國際壯遊，起於治經解惑求真求實的動機，中於學術交流與考察地理文化，終於貞觀十九年歸至京師，帶回影響佛教論述與思想流傳的無數經書，太宗大悅，「詔將梵本六百五十七部於弘福寺翻譯。」

現實中窮經皓首的玄奘，在《西遊記》的形象是一心向西求經，卻總識妖不明陷於劫難；黑白兩道眾魔為食三藏肉以長生不老而盡出奇招，讓弟子疲於奔命。這段由歷史故事邁向文學故事的演變關鍵在南宋《大唐三藏取經詩話》，加入猴行者、沙僧，出現獅子林、樹人國、大蛇領的白虎精、鬼子母國、女人國、入王母池偷蟠桃等八十一難的縮影。至此，猴行者成為取經路上的主角，玄奘退居次要地位。

中國的《西遊記》如同西方的《小王子》，是一部跨年齡的小說，每個人都能讀出箇中滋味，解釋出一番道理。清代張書紳《新說西遊記》指出：「以士農工商、三教九流、諸子百家各自讀之，各自有一部《西遊記》。」「愛理學者，究其淵微；愛熱鬧者，觀其故事；好文墨者，玩其筆意。」譬如孫悟空三打白骨精、唐三藏怒逐美猴王、黑風林逢黃袍怪、豬八戒義激孫行者，最後以孫悟空降妖伏魔、師徒重歸於好的情節，有人探究師徒之間由懷疑至信接納任的磨合心理，解讀人際關係情感溝通；有人專就角色個性分析藝術手法，或以不同媒材將孫悟空的動作神采化為其他表演藝術。

人人都愛讀《西遊記》的原因除卻情節魔幻，還在它兼具社會性、神妖性、動植物性的角色豐富而獨特。無論是似人非人，似獸非獸，似妖非妖的黑熊精、黃蜂怪、蜘蛛精，還是悟空的惡作劇幽默，整人笑鬧的「猴」、「趣」、「頑皮」、「勇」；或是豬八怪貪婪好色，醜態百出的喜劇性格；沙悟淨正直無私，任勞任怨的忠實。這些古靈精怪的妖魔神怪，各具神奇的魔法，把原本枯燥寂寞的漫長之路，走成充滿童話式趣味的遊戲；該是嚴陣以待，詳加規畫的挑戰之途，變為浪漫詼諧的冒險。

我們跟著這些劇情，上到天府，下到冥界、龍宮，遊走人間神妖世界；也隨著以為「天上一日，就是下界一年」、「山中方七日，世上幾千年」，超越了時空與意識。就在我們飄飄然時，忽地毒蛇猛虎撲來、誇張的精怪迷惑阻撓前行、火燄山的熱力融化心志，原來這八十一難就是江湖風波的變形，我們生存的世界。

我們也曾想過西天十萬八千里，孫悟空一翻觔斗雲便是十萬八千里，為何不背著師父一躍即到西域，何必歷盡劫難，忍氣吞聲？直到讀完整部《西遊記》，看到往返十四年五千零四十八日，取經五千零四十八卷的結局，才明白縱使有觔斗雲、隱身法、縮地法的神通，踩著「雲路」終無法達到目的，因為修行的路必須一步一腳印。即使是孫悟空，也必須從初生之犢不畏虎、大鬧天宮的童貞，經歷幫助師父度過厄難時由心猿意馬，到心甘情願認同取經使命。所有的歷程都是經文的一部分，每個階段的磨折都是去心火見心性的修行。

故事來到第九十八回「猿熟馬馴方脫殼，功成行滿見真如」這章，玄奘必須過獨木橋、坐無底船、看見漂落的肉身皮囊，卸下塵念，才能脫凡。接著還必須參透無字天書所啟示的「五蘊皆空」，放下我執了卻生死，「直指人心，見性成佛」返觀內照，才能修成正果。

當我們離開家和熟悉的國度，走向遠方，不僅滿足觀看異地風情的感官享受，更在接受冒險刺激的考驗、與人事景物的對話中，一層層剝下過去，重構內心，那麼返回的行囊裡將不再是浮華的光影，而是真實的禮物。

❖跨域思考地圖

建立概念

以壯遊的三個特質：旅遊時間「長」、行程挑戰性「高」、與人文社會互動「深」。必須經過規畫，高度意志徹底執行的標準來看，高僧玄奘到天竺（印度）取經，就是古今中外最知名的壯遊。

《舊唐書》敘述唐僧取經歸來，呈上所經國家照驗的牒文有「寶象國、烏雞國、車遲國、西梁女國、祭賽國、朱紫國、比丘國、滅法國，又有鳳仙郡、玉華州、金平府」之印。這張深具世界觀的地圖，即今日西藏、新疆、吉爾吉斯斯坦、烏茲別克斯坦、印度、尼泊爾、斯里蘭卡，可謂是胸懷壯志的遊歷，也是一趟中印文化交流史上的壯舉。

玄奘的貢獻除卻佛典翻譯、唯識哲學與創發、因明學（邏輯學、知識論和論辨學）在中國流傳，還在於《大唐西域記》收錄的博物土俗，建立印度和中亞諸國的古代地理、歷史、地志、交通資料。

至於一生幾乎沒有停止旅遊的徐霞客，詳細記錄途中所見的遊記，可說是自助旅行的先鋒。鄭和七次下西洋的船隊遠及紅海、波斯灣、阿拉伯半島，不僅創造政治、軍事、貿易利益。其航海技術，船隊規模、航程之遠更展現出明代航海高峰，創造世界前所未見的高度。

自有人類以來，大草原上、戈壁沙漠、海洋冰河上，人地互動從沒有休止過。往來之間所產生的質變、量變，隨著交通工具、相關資訊與政權的介入，越來越頻繁也日漸顯著，尤其是二十世紀後的全球化，帶來多元的跨國交流、碰撞與融合。

思辨指南針

「絲路」，起源於漢武帝派張騫出使西域。這條始於西安，西行經戈壁大沙漠邊緣，貫穿歐亞「草原之路」到羅馬的網絡，是中國古代經過中亞通往南亞、西亞以及歐洲、北非的陸上貿易交往的通道。

數千年來，游牧民族、外交使節、商旅軍隊、學者教徒、和親公主、工匠，在這條路上以馱馬、駱駝往返。宗教、文化交流，部落與國家間碰撞、融合的紛爭，在日積月累的傳說中成了神話、經籍，被寫入史冊奏摺。中國商人定期往返，帶著紙張、香料、茶葉、瓷器、漆器至西方，再將葡萄、紫苜蓿等食物、玻璃礦石金屬器具、焚香、服飾、武器、書籍、音樂與舞蹈運到西漢洛陽、唐朝長安，除造成政治經濟、社會風俗、生活文化的影響，還包括大規模奴隸貿易。

海上絲綢之路也成於漢武帝時，從中國出發，向西航行的南海航線上，船隊載滿胡椒、檀香木、乳香、象牙、犀角抵達安平港，裝載鹿皮、鹿脯、砂糖航行至日本，換取白銀，返航路程中到廈門購買絲綢和瓷器。

誠如羅倫絲．封丹《追尋歐洲小販的歷史旅程：一段經濟與文化的流動痕跡》中敘述，看似不起眼的小販傳布菸草、手錶與書籍等新商品建立的商業網路，催生了近代歐洲的經濟；又以其販賣的貨物，影響文化實踐。

藉著人地之間的移動，中國印刷術、造紙術、火藥、指南針、醫術遠播西方，促進歐洲宗教、經濟、航海、文化傳播。這樣互通有無，豐富彼此生活，加速世界文明進步的情況，隨著電腦、手機、網路、原始碼開放，數位化等科技開發，跨國公司、全球網絡化組織把世界抹平了，企業、文化、生活都發生了革命性的顛覆。

思辨問題一：

玄奘展開漫長旅程的意義與準備是什麼？

觀點對話

對於玄奘而言，往西域的唯一目的是解開佛經的困惑。途中遇到不計其數的搶劫、殺戮，風雨災暴、火焰試煉，若沒有堅強的意志、隨時學習的態度和對佛法專精的學養，豈能被印度那爛陀寺收為弟子、在天竺面對數千高僧展現出眾辯才？因此若非強烈的動機目的，具體有效的規畫、語言溝通能力、專業知識，勢必難以支撐充滿未知的長期探險，也難以應付災變發生時的軟弱。

思辨問題二：

世界文明大歷史中，哪些知識或技術交流造成全球巨變？

觀點對話

西元前數千年中東的小麥、中國的稻米、美洲的玉米藉由人類移動的腳步傳播，形成定居聚落，生產工具的發明與改良，養活人口增加，進而產生相關農業習俗、飲食文化。

希臘羅馬帝國的軍事擴張、橫跨歐亞非的貿易建立的商業規範與模式，和各派宗教的信仰導致十字軍東征及強烈排他性，造成歐洲政教合一到分離的變化。中國的印刷術經絲路傳至西方，促使十五世紀古騰堡用活字印刷術的《古騰堡聖經》，使得西方進入廣泛傳播知識與科學的新時代，這也是中世紀邁向現代社會的重要轉折點。

十五—十七世紀航海技術和地理知識開啟大航海世代，哥倫布發現新大陸，葡萄牙、西班牙、荷蘭、英國獲得海上霸權。東西方甚至全球的文化、貿易交流熱烈，推動歐洲資本主義興起和工業革命，也開啟殖民熱潮。

思考對策：勇於探索世界放眼天下，接受多元文化，關心國際議題，共同創造美好

卡爾維諾《看不見的城市》混雜忽必烈史實和《馬可波羅遊記》，拼湊出斷裂紛雜的想像與城市符號的真實，探思看不見的記憶、欲望、恐懼。應之於全球化的世紀，商旅貿易帶動文化、物質的交流、人口移動與生活型態、價值觀的流動，其間因為財富、地位、權力形成霸佔資源、剝削弱勢、蠶食小國市場、破壞生態、本土文化消失、貧富不均等問題。

玄奘走向西域的創舉，開啟中國佛教文化和嚴謹的佛經翻譯，帶動交通、物產、思想的互動、種族融合，以及外國商賈人士麕集長安、廣州等繁盛的局面。這樣的中西文化交流，源自於玄奘積極學習各國語言結交當地學者，融入異國習俗。

隨著交通與資訊便利，國與國的界限逐漸淡化，人地互動成為日常時，做為地球公民的我們都有責任承擔消除貧窮、終止飢餓、性別平等、環保生態、和平正義等聯合國十七項永續發展目標，也有義務從欣賞多元文化，培養國際化視野；藉主動關心全球議題或國際情勢，具備國際移動力和解決問題的能力。

❖ 延伸思考寫作站

題目一

觀點闡述：參考框線內的甲、乙、丙三則材料，發表你對「國際人才流動」的看法。文長限二百—二百五十字。

甲：臣聞地廣者粟多，國大者人眾，兵彊者則士勇。是以泰山不讓土壤，故能成其大；河海不擇細流，故能就其深；王者不卻眾庶，故能明其德。是以地無四方，民無異國，四時充美，鬼神降福，此五帝三王之所以無敵也。今乃棄黔首以資敵國，卻賓客以業諸侯，使天下之士退而不敢西向，裹足不入秦，此所謂藉寇兵而齎盜糧者也。

李斯〈諫逐客書〉

乙：本國人才受到他國提供的優渥薪資或居留條件所吸引，為他國效力，造成本國人才外流嚴重。

丙：輸入人才有助提升國家競爭力，但也會剝奪本國人才就業機會、瓜分社會資源、衍生文化衝擊。

（一〇六年指考）

題目二

每個人心中都有著對遠方的憧憬，陶淵明為此構築了桃花源，哥倫布為此勇渡大西洋。你的心中是否也有一個遠方在召喚？也許是個神祕的國度，也許是一種嚮往的生命型態，也或許是一個人生的目標。請以「遠方」為題，寫一篇文章，論說、記敘、抒情皆可。

（一〇二年指考）

瘟疫崩裂，試煉人性
——丹尼爾・狄福《大疫年紀事》

思考焦點：當病毒席捲而來，全體人類該如何應對？是人定勝天？還是天命難違？

❖今天讀什麼？

丹尼爾・狄福（Daniel Defoe，一六六〇—一七三一年），英國小說家、記者，著作等身地被尊為「英國與歐洲小說之父」。

狄福出生於倫敦，五歲時倫敦發生瘟疫，十歲母親過世。長老會學校畢業後到教堂任職，沒有上過大學，二十歲後經商破產被捕，又曾擔任情報人員、稅務代表、倫敦磚瓦廠經理，這些大起大落的生命歷程形成他作品裡追求冒險，強調以智慧勇敢戰勝困難的理念。

狄福被譽為現代政治新聞之父，創新而富洞見的觀點深受當時政壇重視，對美國政治家富蘭克林影響尤深。他因揭露真相寫過許多諷刺社論、為推動英格蘭及蘇格蘭統一辦政治性期刊，所著《風暴》是現代新聞業的先驅作品之一。但政治成就他的思想，也使他鋃鐺入獄被戴上枷具示眾。

丹尼爾・狄福著述題材廣泛，涉及政治、地理、犯罪、宗教、經濟、婚姻、心理乃至迷信等。代表作《魯賓遜漂流記》，使魯賓遜成為與困難抗爭的典型。記錄一六六五年倫敦鼠疫大流行的所見所聞與所想的《大疫年紀事》，不僅是疫情歷史的經典報導，也啟迪後世以科學嚴肅處理危機的態度和社會良心的意義。

書摘

病人為何會想害人，醫界爭辯不休。有人認為那是這種病的本質，說每個患者都會十分憤怒，怨恨自己的同類。彷彿有股邪惡的力量，不僅透過瘟疫四處散播，也根植在人性中，驅使病患見人就攻擊；他們說那就像是狂犬病，病犬可能原本極為溫馴，一旦染病卻見人就撲咬。

有人將此歸因於人性敗壞，說病人無法忍受自己境遇比同類慘，不由自主只希望所有人都跟他一樣不幸，處境艱難。

有人說那純粹出於絕望，說病人若不是沒意識到自己做了什麼，就是不在乎，不僅漠視旁人的安危，甚至不關心自己的安危。確然，人們自暴自棄時，甚至不在意自身安危，會輕忽別人安危也就不足為怪了。

但是，我要為這個嚴肅的議題提出一個十分不同的看法：就是事實並非如此。我認為實情完全相反，應該是倫敦鄰近村莊的居民一再受到嚴詞指責，那樣說來為自己開脫，才解釋得了他們為何讓倫敦人吃盡苦頭，冷酷無情。其實，雙方是彼此傷害。也就是說，倫敦人在危難中急著找地方避難，偏又身染瘟疫，卻埋怨鄉下人不肯讓他們進入鄉鎮，逼他們帶著行李跟家人回倫敦，說鄉下人這樣太殘忍，沒有天理。而鄉村居民則發現倫敦人一再不由分說硬闖，因而埋怨說，倫敦人染上瘟疫不僅不在乎別人，甚至想害別人得病。雙方說法都不完全是真的，也就是兩造都失之偏頗了。

人們如何逃出被封閉的屋舍，怎麼欺騙或制伏看守人逃走，前文提過，在此不贅述。可是我要說，瘟疫期間地方官員作風溫和，賑濟家庭，尤其在遷移病患方面，都先徵求病人同意才將人移出封閉的屋舍，送到瘟疫醫院或別處。住所被封閉的人若能證明身體健康，又願意待在別的處所不出門，直到隔離期滿，也可以搬出被封閉的屋舍。地方官員也非常關心病家是否能取得需要的東西。我是說供應病家必需品，包括藥物及食物。他們不僅向當差的人下達必要命令，長老議員還常常親自騎馬去這些人家，將人叫到窗前，問他們有沒有受到妥善照顧，有沒有缺什麼必需品，看守人是否時時為他們送信及採買需要的東西。如果病家答是，那麼一切都沒問題；可是如果他們說補給品不足，看守人不盡責，待他們不好，看守人多半會給換掉。

儘管政府諸多用心，然而封閉屋舍將健康的人和病人關在起，卻造成極多問題，有時也釀成慘劇。若是可能，政府是該想想封屋造成的問題。然而，這項措施有法源依據，是以公眾利益為念，因此執行時造成的一切個人傷害都必須算在公眾利益帳上。

整體說來，封屋究竟是否有助於遏阻瘟疫，至今仍然存疑。我只說一次，實情是瘟疫是在不知不覺中散播的，散播的人看來也沒有病容。他們不知道自己感染了誰，又是誰感染他們的。

＊＊＊

常有人問我，政府小心翼翼，找出鬧瘟疫的屋舍全數封閉，派人嚴守，街上怎麼還有那麼多瘟疫病人？我一直不知道該怎麼直截了當回答這個問題。

我承認，我不知道答案。唯一想得出來的解釋是，倫敦這麼大，人這麼多，哪戶人家受到感染不可能馬上查到，悉數封閉。因此病人能自由外出，甚至愛上哪兒就上哪兒，只要沒人知道他們來自哪一戶染疫人家就成了。

誠然，就像許多醫師告訴市長的，有時瘟疫來勢太猛，患者病情惡化極快，一下就死了。四處訪查誰病了、誰沒病，依規定將他們幽禁在家，根本不可能辦到，也完全沒有意義。有時整條街幾乎家家戶戶都受了感染，而在許多地方，有些人家每個人都病了。更糟的是，等有人知道哪戶受感染，病人差不多都死了，其餘的人怕被關也全跑了。再把那些屋舍冠上鬧瘟疫的名號封起來，作用微乎其微。畢竟，不等有人知道哪戶人家受感染，瘟疫早在屋內肆虐完又走了。

知道這一點，明理的人或許就能了解，不論地方官或任何人採取什麼辦法，都無力阻擋瘟疫擴散。因此，封屋根本不足以控制瘟疫。此舉帶來的公眾利益不大，而受禁錮的人家卻壓力沉重，其利弊真是不能相抵，甚至不成比例。我依照官方賦予的權限執行這項苛法，常常發現封屋無法達成目標。例如，身為檢驗官，即俗稱的訪客，我有責探查各病家的情況，可是我們鮮少訪視已出現明顯病徵的人家，而是去人已經逃走的住家。地方官憎惡這種情況，指責我們調查不周。然而，這意味著等有人發現病人，病人已病了很久。這個危險的職務任期是兩個月，我才做一半任期就已經知道，僅憑在病家門口詢問，或是訪查其鄰居，絕無法得知任何家庭的實際情況。至於說進每戶人家搜查，當局不敢要求民眾配合，也沒人敢做這種差事，暴露於瘟疫及死亡的危險，毀掉自己的家庭，毀滅自己。就算真的實施這種苛法，任何得配合搜查的誠實公民也絕不會留在城裡，這是無庸置疑的。

我們確認病家狀況的唯一方法，就是問病家鄰居或病家一家人。但這種方法不盡可靠。因此，就如前面說的，我們始終弄不清楚病家狀況。

誠然，戶長若發現家人染上瘟疫，出現病徵，有責依照規定在兩小時內通知當地檢驗官。但民眾使出種種辦法規避責任，疏漏通報。幾乎所有民眾都會想方設法，讓家裡想逃的人都逃走。不管逃的人有病沒病，戶長鮮少在人跑掉前通報。顯而易見，只要這種情況存在，就絕不能認為封屋足以遏阻瘟疫。正如我在別處提過的，這樣逃掉的人沒有幽禁在自宅，儘管可能真以為自己健康，但許多人其實病了。這些人有的就在街上走呀走，走到倒下死了。他們並非突然感染瘟疫，如中槍般霎時死去，而是瘟疫在體內潛藏已久，暗襲肺腑，等侵襲到心臟，給心臟致命一擊時才顯出病徵，一下就死了，看來就像是突然昏厥或中風。

我知道，即便是醫師，有些也一度以為這種在街上暴斃的人是倒下那一刻才染上瘟疫的，彷彿上天突然取他們性命，用雷劈死的。可是醫界後來發覺，只要檢查這種死者，總能在他們身上找到瘟疫病徵，或其他早已染病的跡象，於是醫界改變了看法。

節錄自《大疫年紀事》（丹尼爾・狄福／著；謝佳真／譯），二〇二〇，麥田出版

❖經典放大鏡

解構文本脈絡

倫敦瘟疫散播，人民四處逃離→政府以公眾利益為念，實施隔離、封屋政策→民眾使出種種辦法規避責任，疏漏通報，患者趁機逃走，感染情況無法遏止

圖說核心概念

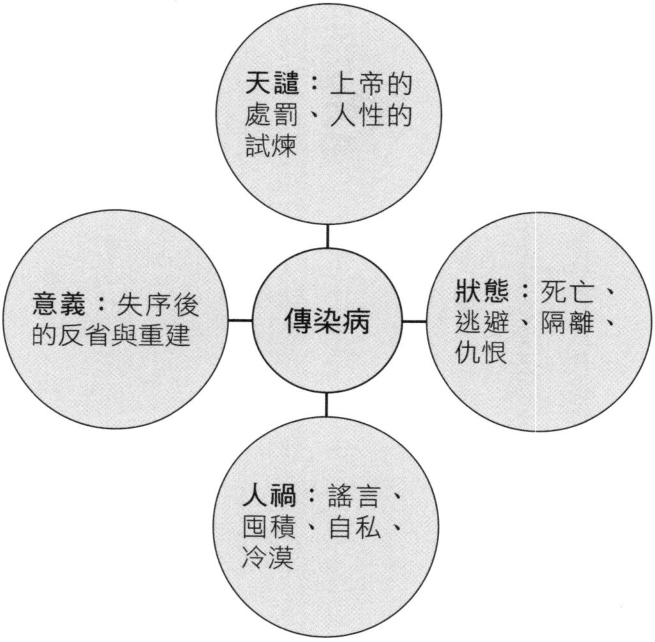
天譴：上帝的處罰、人性的試煉
狀態：死亡、逃避、隔離、仇恨
傳染病
意義：失序後的反省與重建
人禍：謠言、囤積、自私、冷漠

深度解析文本內涵與意義

《大疫年紀事》中，敘述者狄福以「我」和日記的寫實體，鉅細靡遺地記錄每天死亡公報上死亡與埋葬的數字、區域的擴散，逼真細膩地顯現當時的情況，讓讀者深刻感受疫情毀滅的不僅是生命，更割斷個人與社會連結的關係，回到孤獨、封閉和冷漠；並把政府失控、官員懦弱無能、醫生束手無策、依靠的宗教無法解釋的問題全攤在陽光下。

所有人都被籠罩在浩劫之中，但比瘟疫更可怕的是同情心和理性的消失。所有的重大災難都是一面照妖鏡，恐慌催化出甚囂塵上的謠言、貪婪自私的人性：逃離的人見死不救，強制隔離封城裡的人囤積食物，偏執妄想的人故意造謠，健康的人瀕臨瘋狂的死亡與未知……這些事實的陳述，真切反映出絕望的命運、人的卑微渺小無助，以及心靈道德試煉中的軟弱與磨難。

瘟疫帶來的浩劫，迫使人類思考如何活下來？在目睹死亡，情感被麻木之後，追問活下來的目的是什麼？這無可追逃的劫難有什麼意義？

對於身陷疫情的人們而言，存活，是為了見證發生在人類歷史上的事實。狄福面對被僕人丟下、僱不到馬兒出行和肩負託付者責任的絕境，處於留下，還是離開的抉擇之際，開始思考上帝的旨意，應該履行的義務。他認為這場疫情是「上帝的復仇」，是為使人謙卑、懺悔而降下的天譴。僥倖存活者的使命便是當上帝「復仇」和「賜福」的見證人；寫下這本書的目的在「提醒世人，碰上瘟疫時仍要對上帝抱持敬畏之心，不可或減。」因此內容除報導形式的紀實與統計資料，更對瘟疫初的「鬼神論」、「天降報應論」和瘟疫現象提出評論。

希臘悲劇《伊底帕斯王》、薄伽丘《十日談》都涉及瘟疫，但直至這本小說才開始報導瘟疫對個人、社會產生的衝擊與影響，成為瘟疫文學的共同基礎，引發卡謬《瘟疫》（或譯《鼠疫》、《黑死病》）、馬奎斯《愛在瘟疫燃燒》等創作。

瘟疫小說描述的對象雖是病毒、死亡，但作者想挖掘的往往是人類在這場浩劫中的應變措施、人心在病苦衝擊，存亡掙扎下的情緒和面目。因此善惡及英雄昏庸的對比、對現實批判的隱喻、智慧與道德的試煉與磨難，才是值得思索的主題。如敘述一八三二年法國霍亂的《屋頂上的騎兵》，以霍亂借喻極權主義，具有古典騎士的精神的主角對比自私卑劣的小人物。卡謬《瘟疫》描繪一九四〇年法屬阿爾及利亞的鼠疫，見證二戰期間人心淪為「瘟疫化」的異變。一九九八年諾貝爾文學獎得主薩拉馬戈的《盲目》隱喻「睜眼瞎子」是社會秩序崩解的開端。

❖跨域思考地圖

建立概念

人類的歷史就是傳染病的歷史，自有人類以來，源自動物、環境致命病毒所掀起的傳染病，動輒死亡成萬上億之人，綿延數十到數百年之久。曹植〈說疫氣〉中記錄：「建安廿二年，癘氣流行；家家有僵屍之痛，室室有號泣之哀；或闔門而殪，或覆族而喪。」宋代有近百次的大規模傳染病發生，一六三三年明末大鼠疫，奪走二十萬北京人；清朝師道南〈死鼠行〉言：「東死鼠，西死鼠，人見死鼠如見虎；鼠死不幾日，人死如拆堵。晝死人，莫問數，日色滲淡愁雲護；三人行未十步多，忽死兩人橫截路。」

正如《瘟疫啟示：流行病是歷史，也是未來》的書名顯示，疫情幾乎是人類文明演變過程的一部分，世界歷史上造成嚴峻衝擊的感染有一三四六—一三五三年黑死病奪走歐洲三分一人口，此後鼠疫仍然在威尼斯、西班牙、倫敦流行傳播、一五二〇年天花大流行、一六六五—一六六六年間發生在英國的大規模傳染病、一八一七—一八二四年霍亂傳染、一九七六年伊波拉病毒、一九八一年艾滋病毒到現在依然攻擊人類免疫系統、二〇〇二—二〇〇三年薩斯冠狀病毒（SARS）、二〇一四年西非伊波拉病毒和二〇一五年美洲茲卡病毒，乃至二〇一九年至今仍無法抑制的新冠肺炎病毒（Covid-19），造成人心恐慌、社會動盪、經濟蕭條、死亡無數的毀滅性傷害。

所謂「人在疫病中形成自己」，瘟疫在摧毀人類的同時，生活也在對抗病毒中重新調整制度，開啟新的風潮，重塑一個時代。如十四世紀黑死病打破封建佃農制度，促成文藝復興和西方文明的盛事；十八世紀海地的黃熱病讓拿破崙放棄進軍美洲，歐洲淪陷於戰爭之中，遠離戰火的美國得以壯大；十九世紀的非洲牛瘟，讓非洲成為歐洲殖民地。倫敦爆發瘟疫，劍橋大學停課十八個月期間，牛頓發現微分、積分和萬有引力定理；霍亂覆滅拿破崙大軍、血友病讓俄國沙皇統治垮台。這應證了老子所言「福禍相倚」、「福兮禍所伏」的道理，也顯現人類的意志雖無法逆轉天命，卻總能由中激發出除舊布新的勇氣與智慧。

思辨指南針

瑪格麗特·愛特伍在《末世男女》這本多重喻義的科幻寓言，敘說生物科技和病毒人工變種所造成的人類幾近滅絕的故事，預言病毒的變種，尤其是人工變種，已成了足以毀滅世界的最大威脅。

當代環境史學者麥克尼爾（John McNeil）在《太陽底下有新事：二十世紀環境史》中指出，人與環境的關係緊張，大量出現的細菌、病毒已成為地球生態系統的常態。根據美國約翰霍普金斯大學的數據顯示，全球新冠肺炎疫情確診病例截至二〇二三年三月十日，全球累計報告逾六．七六億名確診個案，死亡人數逾六百八十八萬。確證病例嚴重的國家是美國、印度、巴西、俄羅斯、英國和法國。其結果地殼震動降低，空氣乾淨、海洋安靜，地球變得美麗了——在人類付出死亡、失業、封閉、疏離、孤寂之後。

病毒造成的疫情在國際上擴散，全世界籠罩在死亡的焦慮、封閉隔離的壓力之下，所有經濟產業、科技生活都受到超乎想像的影響。然而，這危機何嘗不是讓世界沉澱，讓人們重新思考未來的轉機？

思辨問題一：

你認為因為人性卑劣，觸怒上帝，所以爆發瘟疫做為人類自作孽的因果報應？還是人類長期破壞環境導致災難？或根本來自其他動物？

觀點對話

十七世紀的歐洲，宗教掌控世界觀和對真理的詮釋權，伽利略的「地動說」，因為牴觸聖經教義，而被斥為異端邪說。彼時人們認為所有災難和命運的折磨，都是上帝的旨意，是以將忽然掀起的傳染病風暴，無法解釋源頭的疫情，歸諸於天意神旨。

隨著生物與醫學科技研究，人們逐漸知道鼠疫是因為氣候變化造成動物繁衍遷移，以及跳蚤的跨物種傳染。關於新冠肺炎病毒的起源目前眾說紛紜，其中有一條線索追蹤至中國武漢市場出售的果子狸。世界衛生組織溯源研究者霍姆斯教授言：「人類從野生動物那裡感染病毒——在我們整個進化史上都是如此。」可見這讓全世界封鎖三年的疫情，是由動物身上逐步演化到人類身上，或可謂是大自然平衡的機制，細菌為生存而演變運作規律與法則。

思辨問題二：

面對傳染病毒除造成絕滅與恐慌，還帶來什麼樣的啟示或改變？

觀點對話

政策限制與全民配合：疫情暴露出政府應變機制、社會文化及制度缺失。在公眾安全下，所謂的自由必須限制，如強制出入公眾場合戴口罩、病患的監控、隔離及通行控制。再者專業知識是安定人心，釐清謠言的有效方式，透明的決策與訊息窗口，能確定官方消息的可信度，建立社會規則，消弭信息混雜構成的失序恐慌，凝聚共識。

資訊收集與專業團隊合作：防疫的操作策略，數千年以來都以防堵和隔離為先。然後在公共衛生、醫療專家、病毒研究透過數據和追蹤、科學求真求實的分析下，精確掌握病毒的結構、特徵、抗體及主要症狀，進而研發出對抗的藥劑。

重新檢視發展與生命的重心：完全隔絕和無常的情境，現實與殘酷的人情人性，逼得人思考生命的本質以及存在的意義。無遠弗屆的傳染性，一視同仁地席捲各國，讓強國束手無策，人類回歸於某種平等。這災厄，正是反省的契機，讓人類重新思考追求發展速度、物質享樂的心態、行為和價值觀。

思考對策：隔離病人、封鎖國界管制、醫學研究、研發疫苗、重視環境公衛、互助合作、建廟庇佑、新的教育學習、商業行銷、人際互動方式

東漢劉熙撰寫的《釋名．釋天》提到：「疫，役也，言有鬼行疫也。」從福建移植到台灣的瘟神信仰，認為瘟神散播瘟疫導致爆發疾病的天譴、劫數，因此出現饗神演戲驅瘟禳災的儀式，如屏東東港的王船祭、台南鹽水蜂炮。

基於船運是鼠疫重要傳播途徑，十五世紀後期，地中海沿岸港口實施檢疫制度，規定來自鼠疫疫區的船隻，都必須在外海下錨四十天，不准和岸上接觸……成為十六世紀地中海沿岸基督教港口通行的法規。

新冠肺炎（Covid-19）在武漢肆虐時，中國政府以「犧牲個人自由以換取集體安全」的概念，立即採取封鎖社區嚴格隔離，將疫情被控制在一定的範圍。接著是迅速篩檢、找出病例、戴上口罩，減少社交接觸，但在各地排華、汙名化的冷箭齊然射出。隨著歐美陷入嚴重疫情，迫使崇尚個人自由的各國也不得不祭出限制出入境的鎖國政策，積極地找出病毒的傳染習性、檢測方法、探求新療法、研發疫苗。

大衛．逵曼在《下一場人類大瘟疫：跨物種傳染病侵襲人類的致命接觸》一書中提

醒人們應該學會與病毒相處，建立起一定程度的抵抗力。在限縮社交政策下，德國人透過地方自發性的公民力量，串聯救援小商家的行動，如小額捐款或在網路購買服飾店、花店、餐廳、電器儲值及禮券幫助窮苦者，藉由「自利利他」讓社會能正常運作。

另一方面，人類開始學會與病毒共處、重新構想人類與環境，與彼此之間的關係，開創新的生活型態；企業加速改變「產業結構」，發展遠距化自動化與宅經濟、糧食危機下的供應鏈機制。

❖ 延伸思考寫作站

題目一

雖然時光一去不返，但人們偶爾還是會想像回到過去。

有人想像回到從前去修改原先的決定；有人想像回到事故現場阻止意外事件的發生；有人想像回到古埃及時期，影響當時各國間的局勢；有人想像回到戰國時代，扭轉當時的歷史……

請以「如果當時……」為題（刪節號處不必再加文字），寫一篇文章，從自己的生命歷程或人類的歷史發展中，選擇一個你最想加以改變的過去時空情境，並想像那一個時空情境因為你的重返或加入所產生的改變。文長不限。

（九十七年學測）

題目二

閱讀下面的材料，根據要求寫作。

面對突發的新冠肺炎疫情，國家堅持人民至上、生命至上，果斷採取防控措施，全國人民緊急行動。

人們居家隔離，取消出訪和聚會；娛樂、體育場所關閉；政務服務網上辦理；學校開學有序推遲；公共服務場所設置安全「一米線」。防疫拉開了人們的距離。

城鄉社區干部、志願者站崗值守，防疫消殺，送菜購藥，緩解燃眉之急醫學專家實時在線，科學指導，增強抗疫信心；快遞員頂風冒雨，在城市鄉村奔波；司機夜以繼日，保障物資運輸教師堅守崗位，網上傳道授業新聞工作者深入一線，傳遞溫情和力量。抗疫密切了人們的聯繫。

請綜合以上材料，以「疫情中的距離與聯繫」為主題，寫一篇文章。

要求：選準角度，確定立意，明確文體，自擬標題；不要套作，不得抄襲；不得洩露個人信息；不少於八百字。

（二〇二〇年大陸高考全國卷）

科學突破，生存劇變

——瑪麗．雪萊《科學怪人》

思考焦點：人類有權力造人嗎？具有人性與認知思考力的仿生人是人嗎？科學倫理存在之必要、複製動物與機器人、人工智能帶來的改變是？

❖今天讀什麼？

瑪麗．吳爾史東克拉芙特．雪萊（Mary Wollstonecraft Shelley 一七九七—一八五一年）英國小說家、劇作家，著名詩人雪萊的妻子。

瑪麗母親是女性主義運動的先驅，但她在生出瑪麗十一天後便因感染過世。瑪麗的父親是政治家哲學家，給予瑪麗自由的思想與學習空間，形成她對追求知識的執著、大膽前衛的愛情觀，與叛逆獨立且不顧流俗的個性。

一八一六年，依著英國貴族「壯遊」的文化，瑪麗與雪萊私奔走天涯，到日內瓦湖畔的別墅度假。這裡曾是藝術家捕捉光影、華格納譜曲的地方，在這古老莊園，這群文青遊湖、暢談至深夜、輪流閱讀著名的恐怖小說。科幻小說鼻祖《科學怪人》、約翰・波里多利醫生著的《吸血鬼》以及拜倫長篇敘事詩《黑暗》於焉誕生。

瓦特的蒸汽機推動火車，激起天文、地理、物理、生物等科學探究，和相信理性發展知識可以解決問題的啟蒙觀點。人們對科技改變世界懷抱各種幻想，迷信科學知識是創造奇蹟的魔法，科幻小說順勢而起，成為歐洲工業文明崛起後特殊的文化現象。一八一八年出版的《科學怪人》原名《科學怪人：另一個普羅米修斯》，其創作背景出於英國是飛躍式革命的源頭，在感受工業翻轉的嶄新時代同時，不免懷抱對科技怪獸危機的種種揣測。

《最後一個人》是瑪麗想像二十一世紀世界遭遇大瘟疫所創作的，竟與這兩年新冠肺炎疫情對全球經濟、民生帶來雪崩式的情況不謀而合。

有人說瑪麗・雪萊活得就像一齣戲，十六歲與浪漫派詩人雪萊陷入熱戀；十七歲生子早夭；十八歲撰寫被譽為科幻小說之母的《科學怪人》；十九歲終於與雪萊結婚；二十五歲丈夫出海遭遇風暴過世。科學怪人說：「因為我無所畏懼，所以我強大。」這句話或許也能概括這位奇女子的一生吧！

書摘

現代的大師們很少承諾，他們很清楚點石不能成金，長生不老只不過是癡人說夢。但是正是這些雙手只會在髒東西裡頭攪和，眼睛只會盯著顯微鏡和坩堝的科學家們在創造著奇跡。他們洞悉自然的內部，並向人們揭示自然界運作的奧秘。他們研究太空，並發現了血液迴圈的規律，並發現了我們所呼吸的空氣的本質。他們已經掌握了新的、而且幾乎是無限的力量；他們可以控制天上的雷電，模擬地震，甚至可以模擬人們看不到的世界和那裡的幽靈。

這些就是教授的原話——或者倒不如說是鬼使神差的一席話——宣告了我的毀滅。當他在那邊慷慨陳辭的時候，我感到我的靈魂好像在和一個有形的敵人扭打在一起。我的身體彷彿變成了一架樂器，每個琴鍵都在被一一敲擊著，發出嗡嗡的轟鳴；很快我的大腦裡就塞滿了一個念頭、一個概念、一個目的。我——弗蘭肯斯坦的靈魂在此宣告——前人已經取得了不少成績，而我要創造更大的、遠遠超過前人的成就；我將踏著前人的足跡前進，然後開拓一條嶄新的研究道路，去發現未知的力量，向世界展示生命最深層的奧秘。

＊＊＊

在十一月一個陰鬱的夜晚，我的工作終於完成了。在極度的焦急不安中，我把啟動生命所需要的各種儀器放在我的周圍，準備給躺在我腳下的軀體注入生命。當時已經是淩晨一點了，雨滴狂亂地打在窗上，蠟燭也即將燃盡。突然，就在火苗臨近熄滅的微光裡，我看到那具軀體睜開了渾濁昏黃的眼珠，呼吸急促，四肢痙攣地抽搐起來。

我該如何形容我對這場災難的感受啊？我又該如何描述這個我費盡千辛萬苦造就出來的怪物啊？

他四肢倒還符合比例，我也盡力按照美的標準挑選他的五官。美！我的老天！他的黃皮膚剛好包住肌肉和皮下血管；他的頭髮烏黑油亮，而且順滑，他的牙齒也像珍珠一樣潔白。但是這些不錯的器官和他水泡眼配在一起，反而更加駭人。而且他的眼眶也是差不多像浮腫一般的慘白色。他的面部肌膚萎縮，薄薄的嘴唇又黑又直。

雖說世事無常，可是再怎麼也沒有人類的情感多變了。就為了讓無生命的軀體恢復生命力這個惟一的目標，我辛勤地耕耘了近兩年了。為此，我廢寢忘食，甚至連健康都搭了上去。我熱切地盼望圓這個夢，簡直都過了頭。可誰知，現在我終於大功告成了，可美夢也破滅了，心中惟有令人窒息的恐懼和噁心。

我實在無法忍受那個我自己造出來的生命，於是我沖出了工作室，回到我的寢室在裡面不斷走來走去，良久不能使心情平復下來。又過了好久，我煩躁不安的情緒才逐漸平靜下來，我於是衣服也沒脫，倒頭就睡，努力想忘掉這一切。但是一切都是徒勞，我雖然睡著了，但是卻不斷地被噩夢驚擾，不得安寧。

＊　＊　＊

「我早就料到你會這樣對我，」那個惡魔說道，「所有的人都憎恨悲慘不幸的人。而我是萬物之中最不幸的，那麼當然我會被人憎恨！而你，我的創造者，如此討厭和蔑視你創造出來的生命。而我們其實是拴在一條繩上，休憩相關的，除非我們當中任何一個人死掉，我們的關係才算完。你意欲殺掉我。可是你怎能如此玩弄生命，不負責任？你要是對我履行職責，我也會對你，和其他的人類履行義務。如果你能答應我的條件，我就讓你和其他人平安無事；但是如果你拒絕我，那我就會張開死神的獠牙，直到它喝飽了你的其他親朋的鮮血為止。」

「該死的魔鬼！你這個兇殘的惡魔！你罪惡深重，就算你被打入煉獄，遭受酷刑，都不夠贖你的滔天罪行。惡魔！你藉口我創造了你而責難我，那麼你就來吧，我完全可以撲滅我不慎創造出來的生命火花。」我怒火中燒，氣憤到了極點。我朝他猛撲過去，恨不得和他拼個你死我活。

他很輕鬆地閃到一邊，說道：「鎮靜！我懇請你在我的身上發洩你的怒火之前，先聽我把話說完。難道我還沒受夠嗎？而你還要增加我的痛苦？對我來說，生命也許只是為了積累無盡的痛苦，但畢竟是非常珍貴的，我肯定會為我的生存而戰的。你別忘了，你把我造得比你本人更強有力，我的身材比你高多了，關節也更柔軟靈活。但是我並不想和你作對，我是你創造出來的，我情願對我的創造者惟命是從，如果你也能盡到你欠我的那部分責任。」

「哦，弗蘭肯斯坦，你不要對別人一視同仁，卻肆意踐踏我的感情。你本來應該對我表現出公正，甚至是寬厚和慈愛的。別忘了，我是你創造出來的啊，我應該是你的『亞當』啊。但是現在我卻像一個被貶謫下界的天使，無緣無故被你剝奪了快樂。我看到處都充滿了幸福，可是單單我一個被排除在外？我本性也是仁慈、善良的，都是痛苦讓我變成了惡魔。請你讓我獲得幸福吧，這樣我就會重新變成品德高尚的人。」

「滾開！我才不聽你的鬼話！你和我之間不會有任何共同點，我們是不共戴天的仇敵。滾開！要麼我們就打一場，看看是你死還是我活！」

「我怎樣才能打動你的心腸？難道我如此苦苦哀求，也不能讓你善待一下你自己創造的東西嗎？我正在懇求你發發善心，給我一點慈悲啊。相信我吧，弗蘭肯斯坦，我本性善良，我的靈魂也曾閃耀過愛心和人性的光輝。但是我現在還不是形單影隻，孤苦伶仃？而你，創造我的人，竟然也嫌棄我，那我還能從你的同類那兒得到什麼希望呢？他們又不欠我的。他們只會排斥我，痛恨我。」

「現在，只有這座蒼涼的山脈和淒冷的冰川，才是我的避難所。我在這裡徘徊遊蕩，已經有很久了。這些冰窟窿現在成了我的住所，這是我惟一不用害怕的地方，也是人類惟一願意施捨給我的東西。我現在只有向蒼天致意，因為它比你們人類更善待我。如果讓眾人知道我的存在，他們肯定會像你一樣對待我的，並且武裝起來要致我於死地。難道我就不能憎恨那些擯棄我的人嗎？我絕對不會和我的敵人和平相處。如果我很悲慘的話，他們也得分擔一部分。」

「你是有能力來補償我的，並且可以把其他人從災禍中拯救出來，因為這個災禍是你惹出來的，而且搞得這麼大，以至於不但你和你的家人，還有其他成千上萬的人都會被捲進這場軒然大波裡。你就動一下惻隱之心吧，不要再對我冷若冰霜了。聽聽我的故事吧。等你聽完了之後，你想唾棄我、還是憐憫我，都隨你的便，你自己判斷好了。但是請先聽我說。何況根據人類的法律，就算是血債累累的罪犯，在被宣判之前，也有權為自己辯護。」

節錄自《科學怪人》（瑪麗．雪萊／著；黃佳瑜／譯），二〇二〇，麥田出版

❖經典放大鏡

解構文本脈絡

科學怪人誕生，創造者驚慌逃離↓科學怪人自學人類社會生活方式、智能禮儀，萌發情感需求↓科學怪人與創造者對質，請求理解需求↓科學怪人復仇，與創造者雙雙死亡

圖說核心概念

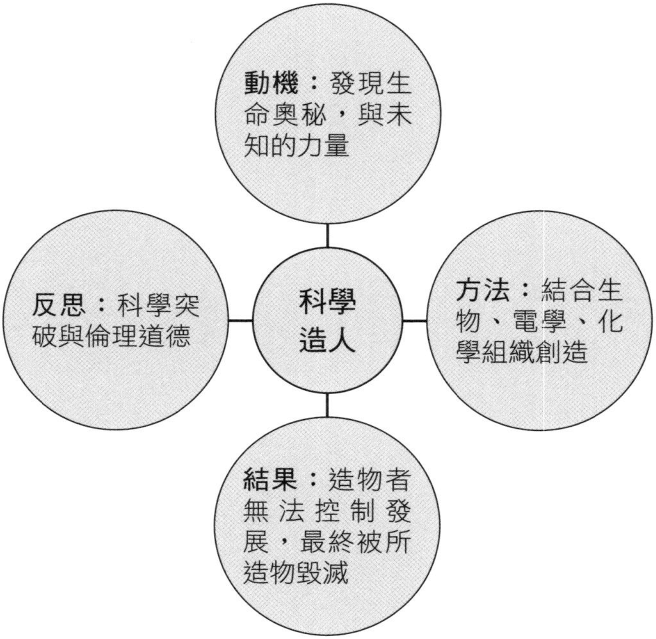
動機：發現生命奧秘，與未知的力量
反思：科學突破與倫理道德
科學造人
方法：結合生物、電學、化學組織創造
結果：造物者無法控制發展，最終被所造物毀滅

深度解析文本內涵與意義

正如瑪麗在產生如此驚悚構想的自述中提到：「創造力主要在於一個人掌握事物本質的能力，以及他透過事物本質得到靈感後，將靈感塑造成形的本事。」當時她之所以能掌握事物的本質，源於十八世紀科學革命在數學、物理學、天文學、生物學（包括人體解剖學）與化學突破性的進展，這些知識改變了人類對於自然的眼界及心態，在整個時代渲染創造奇蹟的幻想。

這部預言式的小說在雪萊提議「我們各自來寫一篇鬼故事」下催生，也因拜倫和雪萊談起達爾文的實驗：透過某些不尋常的方法，讓玻璃罐中的一根細麵動起來。於是瑪麗．雪萊靈機一動：也許人們可以製造出生物的各個部位、加以組合，然後賦予它溫暖的生命。就這樣，一個人類試圖模仿造物主的偉大機制，出現極其可怕後果的故事——《科學怪人》被創作出來，呈現出十八世紀夾著知識、科學無所不能的自豪，對未來世界可以達到的高峰想像，以及對違背倫理、生命秩序掩不住的恐懼。

故事敘述飽受喪母之痛的科學家維多．弗蘭肯斯坦熱衷研究生命的奧祕，懷抱「如果我能夠使人類免除疾病，並且使人類除了死亡之外，能夠對任何傷害刀槍不入的話，那麼，這將是多麼了不起的成就啊！」的想法，試圖征服死亡，進行「創造生命」的實驗。

透過生物、化學、電學，他最終以採集來的各種死屍肢體成功造「人」，但當模樣奇怪的「他」展現生機的剎那，窒息的恐懼與厭惡感讓弗蘭肯斯坦奪門而出。這個身高八呎、外貌醜陋、一出生便被拋棄的「怪物」，只能棲身森林，以野果、樹根充飢，飽受人類擊石嘲笑。

被創造者期待自生自滅的「怪物」，發揮觀察與學習的天賦，花了三個月學會人類的語言、哲學、倫理、道德和禮節。但越熟悉人類的生活方式，內心期待被接納、被愛與愛人的慾望越強烈。他目睹村莊裡窮苦的兄妹，經歷盲眼老人的溫馨，體會到前所未有的感情，置身天堂的溫暖。然而這短暫的美好還是被擊碎了，因為醜陋的臉孔，他成了人人喊打的怪物。

他不明白為什麼懷抱仁慈善良，單純想幫助村民們收集柴火取暖、奮力救起溺水女孩，人們依然冷漠鄙視？為何創造者要做出連自己都厭惡的可怕怪物？為什麼創造了他又無情地拋棄他，不負責任地不聞不問？

痛苦、質疑，讓他變成惡魔，冷酷、棄絕，毀滅了他僅有的希望。他哀求弗蘭肯斯坦創造一個和他一樣醜陋的女人，並發誓從此依戀對方，遠離人群。原本答應的弗蘭肯斯坦思及可能再度為人類帶來劫難而猶豫退縮了。

一再被否定、被拋棄、被背叛的他決定以其人之道還治其人之身，讓弗蘭肯斯坦經歷未婚妻被殺死、失去摯愛的痛苦、萬念俱灰的絕望。父親、弟弟和愛人因此而死的內疚與痛楚、憤恨，讓弗蘭肯斯坦明白自己必須親手毀滅怪物，但他失敗了。怪物趴在維克托遺體的船艙旁邊，聲音哽咽，語無倫次地瘋狂自責，傾訴對維克托的愛與悔恨之痛：「如果在我未知的那個世界，你還能思考與感受，你一定會讓我活著承受痛苦，不會再想取我的性命了。你已離開人世，但我的痛苦依舊比你還深，悔恨將不斷刺痛我的傷口，直到死亡將傷口永遠癒合。」

這本小說不僅涉及無限膨脹科學力量在突破宇宙秩序之後，將被那無法控制的力量反噬的危機；更譴責人類自以為能造人，但這「不完美的模仿」，將是自作自受的悲劇。這無疑是對科學萬能的反擊與警告，從今天已然出現的問題，小自塑膠化學農藥，大到核子武器、網際網路，以及人工智能的發展，似乎不斷重複著這樣的隱喻。

除卻不完美的外表，科學怪人跟所有人一樣具有良知良能，同樣有安全感、歸屬感的需求，和服務付出的價值追求。他是被創造者倉皇拋棄、被社會冷峻的排斥後「變成」凶惡的怪物。他因為人類自以為能主宰宇宙的驕傲和虛榮，成為無辜的祭品，人人可誅之罪孽。有誰聽見他卑微而理直氣壯的控訴：「然而你，我的創造者，你討厭我、唾棄我。我是你的創造物，和你緊密地嵌合在一起，唯有毀滅我們其中一人，才可能切斷你我之間的連繫。如今你打算殺掉我，這簡直是把生命當成兒戲；你怎敢這麼做？對我盡你應盡的義務，我就會對你和其他人盡我的義務。」

當我們以為科學能創造人定勝天的成就，追求科技帶來的現代化和便利享受之際，是否該想想我們要付出的代價，以及承擔的道義。

❖跨域思考地圖

建立概念

《星際爭霸戰》（Star Trek）的編劇之一David Gerrold認為：「人類可能因為生命科學的研究而改變對事物運作的觀點，以一種過去從未有過的思考模式，深度觀察各種事物。」他表示：「生物科技是人類有史以來，首次擁有能探索以往不可能解開之謎團的工具。」

的確，自達爾文的演化論後，新物種的發現和樣本的收集，解開許多科學謎團。十八世紀末賈凡尼和伏特，證明生物肌肉是由神經系統帶出電流而能活動；十九世紀初便出現運用電力，使屍體運動的「復生」實驗；二十世紀破解遺傳密碼ＤＮＡ，開啟基因工程技術；二十一世紀利用破解人類和各種生物的基因密碼，讓科幻電影《星際大戰》、《侏羅紀公園》的複製生物不再是瘋狂夢想。

人類複製有機生命的事實更由基因改造的黃豆、複製羊、合成食品，進步到二〇一三年開始大放異彩的CRISPR／Cas九基因編輯技術。透過基因工程進行替換、修剪或加入新的基因，修復改善許多常見的遺傳疾病、憂鬱症等精神病狀況，甚至能改變運動能力、智力，減緩失智老化，對抗癌症等。至於結合3D列印生產的器官和組織，或許未來會出現器官專賣店，挽救衰老與病變。

透過資料科學家、資料工程師及機器學習工程師的人工智慧團隊，讓機器人不再聽令指揮代替人工，而是具學習型的智能者。學會識字的機器，在餵養大量的數據和現象之後，能自行找出規則，進行推理與解決問題。目前人工智能已成功運用於資料分析、深度學習平台，廣泛進入醫療科技、工商業、交通工具自動駕駛、網路與國防防禦等系統。

思辨指南針

生物科技透過培養抗旱、耐鹽作物，玉米、大豆提煉生質能源，和快速分解人造污染物的微生物，不知不覺中解決了糧食、能源和環境污染危機。

但科學如同雙面刃，根據研究，以CRISPR／Cas九基因編輯技術治療愛滋病毒感染，在成功抑制病毒的同時，也可能加速病毒的突變並導致抗性產生。至於基因複製、編碼，器官或動物的生成，讓生物免於病苦死亡的同時，是否會如《科學怪人》所預示「被造物最終毀了造物者」？

從電影《銀翼殺手》（一九八二）、《變人》（一九九九）、《A.I.人工智慧》（二〇〇一）、《黑鏡》（二〇一一）、《疑犯追蹤》（二〇一一）、《仿生人妻子》、《巨型漏洞》（二〇二二）、《抵抗》（二〇二三）中，可以看出人類對機器人的態度從排斥到接納，討論的議題也從複製人是否也有人性、人類該以何種方式態度與之共存，到複製人的人權。但隨著機器人的智能化、情感化，出現《銀翼殺手二〇四九》中「人類都在自我傷害，必須讓理性的機器人統治世界」的假設，也萌生百年前《科學怪人》所預示機器人謀殺，乃至形成暴動對人類社會的威脅，與其銳不可當的毀滅力量等反思。

美國加州理工學院的生物學家暨諾貝爾獎得主David Baltimore說：「改變人類遺傳在過去是人們無法想像的，而今我們正一步步將過去無法想像的事物化為可能。」的確，在機器人已然廣泛參與、改變我們的世界時，豈能陶醉於生活便利、商業利益、科學成就沾沾自喜，而忽略政府或某些機構掌握決定胚胎基因權力。其結果是否會比極權政治更恐怖？當人能修改基因而長生不死、訂製完美基因的小孩，或複製任何生物，對物種本身的演化、自然生態的影響將會掀起怎樣的反撲？如果有天居心叵測的人指使機器人逞兇鬥惡，企業能驅使機器人當間諜，國家訓練機器人作戰，或者人工智能（AI）有靈魂，將意味人類世界面臨什麼樣的衝擊？

科學進步與倫理道德之間，如何才能取得平衡？我們該以什麼角度權衡其間的得失？人工智能接替程式化的、重複性的、僅靠記憶與練習的工作時，人該如何自存？

思辨問題一：

《科學怪人》中具有人性美善、思考組織力、溝通表達力的仿生人是人嗎？被造出的人會被社會接受嗎？未來世界裡，這樣的仿生人會成為統治者嗎？當社會越來越依賴人工智慧時，人類存在的意義是什麼？人類的價值該如何體現？

觀點對話

目前人工智慧已發展出《科學怪人》中具自我學習的深度學習，憑邏輯的分析思考能力幾乎無異於人。在可見的未來，機器學習能力會越來越強，或許會打破四十億年來生命是有機化合物組成，按照物競天擇演化規則的限制，進入一個無機的世界，尤其是機器人不受氣候環境影響，比人類有更高的機會進入其他星系。

然而以人在自我生命與社會中的責任義務、人際關係複雜的往來，需要更細膩而微妙的應變機制。人工智慧欠缺的就是自主選擇、藝術和文化的審美能力，及直覺創新能力。何況混合了來自其他生物，或死亡屍塊的基因，還是人嗎？

至於社會以什麼態度或程度認可，仿生人是否會統治地球，則見仁見智。畢竟人類文明發展，新科學、新技術總會在不破不立的因果鏈條中引發社會陣痛，也會在利弊間找到平衡點。宗教、法律、哲學認為輕易改造人類自身的遺傳，將動搖人類社會的價值觀；這些機器「聰明」，而且高效、勤奮、低廉，但普通大眾質疑即使他們在外型上多麼像真人，不具「人性化」的機器人終歸只是冷冰冰的機器和工具。

但無論人類是否認同機器人，疫情加速演化的速度，許多工作漸漸被機器取代。如美國AI運用雲端工具，代替真人簽訂各類合約，部分法務工作已毋須人力支援；中國的AI在製造界繼取代人工之後，已涉足服裝業採購與設計。當AI幫助企業、醫學等多方面做出智能決策、預測和歸類時，人類的被毀滅或許不是生命死亡，而是選擇權將逐步讓渡給人工智慧，某種精神層面上的迷失。這意味人的生存價值與意義在於是否能察覺危機，善用人工智能的效率向另一個高峰前行。

思辨問題二：

有道是：「科技始終來自人性」、「需要為發明之母」，足見科學研究目的之一是滿足人類的需求。然而當科學的發現與創造，解決某個問題，將人類推向一個又一個新時代時，似乎又會因此產生另一個困境。隨著全球化將世界變成共同體，任何問題的影響層面也波及整個世代，科學研究是否可以不考慮其潛在的危機？科學引發之衝擊與後果之不確定性，是否與「科技始終來自於人性」產生矛盾與衝突？

科學創造人定勝天的成果，你覺得人定勝天是美麗謊言，還是不變的真理？抑或是人應敬畏順應自然，達到天人合一的共處？

觀點對話

基於科學是以「有系統的實證研究方法」進行的研究，也就是以專門學術領域知識為基礎，採用嚴密的科學方法來探究事理，深入了解問題的真相，進而有效解決各種疑難問題。正如《科學怪人》中所敘當時的科學家孜孜矻矻於實驗中創造奇蹟：「他們獲得了新的力量，幾乎無所不能；他們可以控制雷電、模擬地震，甚至以無形世界本身的幻影來仿造那個看不見的世界。」所有的科學研究動機都來自探究宇宙的奧秘、追求真相，其目的在確知自然規則真理事實、解決問題以發展更美好的未來。

但人類若天真地以為可利用科技控制自然、藉生物科技改變自然法則，必然會遭到反作用的報復，困在災難性的風險之中。誠如愛因斯坦所強調：「科學家的道德比他們的智慧結晶對當代與歷史進程，也許有更重大的意義。」「關心人的本身應始終成為一切技術上奮鬥的主要目標……用以保證我們科學思想的成果會造福人類，而不致成為禍害。」是以科學發展不應是無敵金剛般的怪獸，而應衡量人（人性、生命、尊嚴、人權等）的問題，受到規範及倫常道德的約束，以更大的格局宏觀研究成果，是否合於地球所有生命體福祉之最大公約數。

思考對策：建立科技倫理觀、規範科技道德責任、制定基因編輯應用的共識和公約、探索表現人的情思與多元創造表達、傳播力

科學倫理分為由科學規範構成的方法體系，以及關乎人類社會的道德，如科學研究方向是否合乎人類社會要求、利於社會與人的健康發展、保障人類的基本權利和尊嚴。科學進展的幅度影響整個道德價值體系，也帶來新的倫理與道德問題。建立科技倫理觀，承擔社會的倫理責任，對千秋萬代負責，目的在使科技發展回歸生命本質與價值

之基本面。因此關於「科學與社會責任」、「科學與倫理」、「科學自律問題」與「科學與風險」的思考，廣為各國重視。

基於強制性的規約通常是社會正義的最低標準，公民共識、共同價值觀與道德倫理等則保障行為過程及其後果的知曉與控制能力。因此各國針對專業規範、政府規定、機構政策，以及個人責任都提出具體的法案。如聯合國教科文組織提出《世界生物倫理與人權宣言》、起草《人工智慧倫理建議書》；許多國家也立法限制基因改造植入人體、禁止類似在中國誕生的「基因組編輯嬰兒」操控生命及助長優生思想的技術。

人工智慧能替代工作，卻無法感受人的情感、思想。李開復、王詠剛在《人工智慧來了》提及：「人工智慧無法像人一樣，解悟生命的意義和死亡的內涵；人工智慧更無法像人一樣，因高山流水而逸興遄飛，因秋風冷雨而愴然淚下，因子孫繞膝而充實溫暖，因月上中天而感時傷懷……。所有的這些感觸，只有人類自己才能感受得到，也恰恰因為人類的生命有限，使得人類每個個體的『思想』和『命運』都如此寶貴、如此獨特。」是以，善用與生俱有的感官知覺，培養最有價值、最值得與學習的技能，譬如對人際的感受力、對事理的分析判斷力、對生活與藝術的創造力，是人工智慧無法取代的關鍵。

❖延伸思考寫作站

題目一

影響生活的一項發明

說明：想像一下，沒有眼鏡、牙刷、沖水馬桶、鞋子、照相機……，生活會有什麼不同？許多發明對生活產生極大的影響：鎖的發明，除了保護居家的安全，也是對個人隱私權的一種宣示；藥物的發明，除了紓緩個人身體的不適，也可以控制人類疾病的蔓延，但有時也可能因濫用而危害生命。請寫出一項發明，就你的經驗或見聞，說明它對生活的影響。

（一〇一年基測）

題目二

記憶可以被編輯或刪除嗎？二〇〇四年美國電影《王牌冤家》（Eternal Sunshine of the Spotless Mind），敘述一對怨偶在一次激烈的爭吵後，先後踏入提供記憶刪除服務的

「忘情診所」，主動要求洗去記憶。女主角成功地洗去兩人的戀愛記憶，男主角則在記憶清掃的過程中，因為看見舊日時光的美好，想保留一切甜蜜與悲傷的記憶，而開始和電腦清除系統搏鬥。二〇一七年，台灣導演陳玉勳將自己的短片〈海馬洗頭〉改為長片《健忘村》。〈海馬洗頭〉的創意發想，來自於「人的記憶都存在大腦的海馬迴裡」，電影中因此有「海馬洗頭店」，專職幫人洗去記憶。《健忘村》則有一件寶物「忘憂神器」，可以清除記憶。村長為了一己私利，引誘村人「忘憂」，刪除村人的部分記憶。

電影裡的想像也許有一天會發生。二〇一九年澳洲皇家墨爾本理工大學的研究團隊，利用「光遺傳學」技術影響海馬迴，開發類腦晶片，可模仿大腦儲存和刪除訊息的方式，能精準刪除老鼠腦中特定的記憶。這項科技將有望應用於心理創傷者、藥物成癮者的治療，清除其長時間的負面與病理性記憶。此外，也有政治哲學教授諾齊克提出「經驗機器」思想實驗：假設有一台機器可以提供所有想要的幸福經驗，甚至可以定期修改，無論是領袖群倫、環遊世界……，使用者想要的「幸福人生」，都可以事先設定。面對這樣的機器，人類將如何抉擇？

請分項回答下列問題：

問題（一）：依據上文，請說明電影裡的「忘情診所」和「健忘村」，在刪除部分記憶的劇情上有何差異？文長限八十字以內（至多四行）。（占四分）

問題（二）：假設「經驗機器」存在並且運作穩定，可以讓人享受虛擬的「幸福人生」，你認為將對人類產生什麼影響？權衡利弊，你會支持開放這樣的機器上市嗎？請闡明自己的意見。文長限四百字以內（至多十九行）。（占二十一分）

（一一〇年學測）

傳統現代，嚮往徬徨

——夏目漱石《三四郎》

思考焦點：讀大學的意義、新思潮下的變與不變、自由與夢想

❖ 今天讀什麼？

夏目漱石（一八六七—一九一六年），本名夏目金之助，日本作家、時事評論家、學者。

他出生於日本走向現代化的明治時期，原屬士族階層的父親因此失去身分地位。家道中落的他被送當養子，據說每晚就睡在街邊一堆舊家具中的小竹籮。九歲後回到東京新宿親生父母身邊，卻被冷漠對待，以致生活鬱悶孤獨、徬徨空虛。

夏目漱石自幼涉獵日本古典文學，熟讀漢籍，少年時曾立志以漢文出世。在西學維新的潮流下轉讀西學，就讀東京帝國大學英文系時，受好友影響開始寫作，並以西晉時期孫楚「漱石枕流」故事創建筆名夏目漱石發表作品。畢業後至中學任教，這段經歷而

後成為半自傳小說《少爺》的素材。

一九〇〇年起，日本政府派遣中學老師留學英國，三十二歲的漱石成為第一批留學生，專攻十八世紀英國文學，但經濟窘困與異國歧視讓他陷入憂鬱泥沼。歸國後，在東京帝大講授英文，初以評論者身分嶄露頭角，一九〇五年的《我是貓》讓他一舉成名。這個觀察世界的貓也成為日本最有名的貓，靜靜地躺在漱石家，接受無數人的緬懷。

辭去教職後，他在《朝日新聞》寫連載小說，完成《三四郎》、《從此以後》、《門》三部曲，被譽為漱石最出色的青春小說之一。

儘管胃疾和神經衰弱一直折磨著漱石，但每週四下午在夏目家的木曜日，芥川龍之介等當時的文壇才子和慕名而來的門生濟濟一堂，這些優秀人才影響大正時期的市民文學，也創造明治文壇新江戶藝術的主流。

個人孤獨與疏離的掙扎，和反思日本現代化的批判貫穿漱石的作品，不僅啟開後世私小說的風氣之先，反映時代精神，也因取材現實生活，情節單純，通俗易懂，而成為印在日本的千元紙鈔上的「國民大作家」。

書摘

三四郎在東京碰到許多驚人的事。首先，電車發出叮叮噹噹的鈴聲令他訝異，人潮洶湧的乘客在那叮噹聲中上下車，更讓他大吃一驚，接著到了丸之內，那也是個令他震撼的地方，而最叫他驚訝的是，不管走到哪兒，他都走不出東京的範圍。而且不論怎麼走，到處都堆著木材和石塊，凡是大路內側約五、六公尺位置，到處都在建造新屋，古老的倉庫式建築全都拆掉一半，孤零零地聳立在那些新屋前面。整個世界似乎正在不斷地摧毀，而另一方面，萬物似乎又同時正在繼續建設，以驚人的規模發生變化。

世界正在劇變，自己卻無法參與，只能眼睜睜地看著世界改變。自己的世界和現實的世界雖然並存於同一個平面，但兩者卻毫無接觸。

他站在東京的中心點，看到了火車與電車，白衣人與黑衣人之間發生著各種變化，這些激變令他覺得，明治時代的主流思潮就是要在四十年之間，不斷重現三百年來的西洋歷史。

＊＊＊

這天由於葡萄酒帶來些許興致，精神也受到某種激勵，三四郎讀起書來比平時更覺有趣，他心裡非常高興，專心地沉浸在書中的世界。大約兩小時之後，他才突然清醒過來，正要動手收拾東西回家，卻發現有一本借來的書還沒打開。三四郎胡亂翻開書頁，看見書封裡的空白處用鉛筆亂七八糟地寫了一大堆文字：

黑格爾在柏林大學講授哲學時，絲毫沒有推銷哲學的意思。他的演講並不是解釋真理，而是親身實踐真理，那場演講並不是耍嘴皮，而是在用心說明。當人與真理融合並純化之後，這個人的解說與言論，已不是為了演講而演講，而是為了傳道而演講。有關哲學的演講，應該像這樣才值得聆聽。只把真理兩字掛在嘴上，等於是用死氣沉沉的墨水在失去生命的紙上留下空虛的筆記，毫無意義！此刻，我正為了考試，為了立即填飽肚子，在這兒忍氣含淚地讀著這本書。永遠勿忘頭痛欲裂的我曾在這兒詛咒那永不停歇的考試制度。

這段文字當然沒有署名。三四郎看到這兒，臉上不自覺地露出微笑，同時也好像獲得某種啟發。

＊＊＊

三四郎的心裡有三個世界。第一個世界很遙遠，充滿與次郎所說的那種明治十五年以前的氣息。那個世界裡的一切都很平穩，但也都像還沒睡醒。想要回到那個世界，是最不花力氣的。只要三四郎想，立即就能回去。如果不到萬不得已，他不會想回去。換句話說，那個世界等於就像一條退路。三四郎把他拋棄的「過去」封存在那條退路裡。就連自己懷念的母親也深埋在那條路上，三四郎一想到這兒，立刻覺得很不應該。所以每當他收到母親的家書時，便回到這個世界低徊一番，重溫舊夢。

第二個世界裡有許多長滿青苔的紅磚建築，還有非常寬敞的閱覽室，從這一頭望向那一頭，幾乎看不清對面人影的臉孔，室內還有堆得極高的書籍，如果不用梯子爬上去，根本就摸不著，書頁早已磨損，手垢將那些書頁弄得黑漆漆的。書籍的封面上閃著燙金文字。無數的羊皮封面、牛皮封面，還有兩百年前的紙張全都積滿了塵土。

第二個世界裡也有許多人影正在晃動，仔細觀察，這些人的臉上大都留著鬍子，走在路上時，有人抬頭仰望天空，有人低頭俯視地面，他們身上的服裝必定很髒，生活都過得非常清苦。但是態度卻從容不迫，悠然自得。他們在電車的包圍中，毫不客氣地面向天空呼吸太平的空氣。身處這個世界的人因對周遭無知而不幸，又因逃離塵囂而有幸。廣田老師生活在這個世界裡，野野宮也在這裡，三四郎現在也差不多摸透了這裡的氣氛。但如果想要離開，倒也不成問題。只是好不容易才領略到箇中滋味，隨手拋棄也實在有點可惜。

第三個世界充滿燦爛，就像春光蕩漾的季節，這裡有電燈、銀匙、歡聲、笑語，以及冒著泡沫的香檳酒杯，還有地位高高在上的美女。三四郎跟美女當中的一人說過話，還跟其中一人見過兩面。對三四郎來說，這是寓意最深的一個世界，雖然近在眼前，卻難以接近。三四郎從遠處望著這個世界，心裡感到非常奇妙。他覺得自己若不從某處鑽進這個世界，某處就會有缺陷，而自己似乎也應該有資格成為這世界某處的主角。但儘管如此，原該迫切期待穩定發展的這個世界卻束縛住他，主動切斷了可供進出的通道，三四郎覺得這現象實在太不可思議了。

他躺在棉被裡，先把這三個世界放在面前比較了一番。然後又將它們攪在一塊兒，最後，他得出一個結論：總之，最理想的結果就是把母親從鄉下接來，再娶個美麗的妻子，然後全副心力都投注於研究學問上。

這是個再平凡不過的結論，但三四郎的思緒連結到這個結果之前，已經在腦中進行過各種各樣的思考，對一名習慣以思索的勞力來衡量結論價值的思想家來說，這種結果不能算是平凡。

＊＊＊

美禰子望著三四郎。他剛站起一半的身子，只好又重新坐回草地，他心底升起一種無法駕馭這女人的感覺，同時也因為自覺被這女人看穿了心思而隱約感到有些屈辱。

「走失的孩子。」女人看著三四郎，又重複了一遍這個字眼。三四郎沒有作聲。

「走失的孩子的英文怎麼說，你知道嗎？」

三四郎沒料到她會有此一問，所以不知該回答「知道」或「不知道」。

「那我告訴你吧？」

「嗯。」

「迷途的羔羊，知道嗎？」

每當碰到這種情況，三四郎就不知如何應對了。瞬間的機會總是擦肩而過，待他頭腦冷靜下來，重新思考當時的情景，又開始後悔不已，心裡總是會想：如果那時這樣說就好了，那樣做就好了……儘管如此，卻又不能因為預料到自己會後悔，而裝出神色自若的表情隨意回答，應付了事。他可沒有那麼輕薄。所以在這種情況下，三四郎只能沉默不語，深切地咀嚼自己的沉默是多麼不近人情。

「迷途的羔羊」這個字眼，三四郎好像懂，又好像不懂，與其說不了解這個名詞的意義，其實是不了解女人突然說出這名詞究竟懷著什麼心思。他始終沒說話，只是盯著女人的臉孔打量。半晌，女人突然露出嚴肅的表情。

「我看起來那麼輕狂嗎？」

她的語氣聽來像在辯解什麼，三四郎感到很意外。一直以來，他總覺得自己就像墜入五里霧中，始終期待著霧氣快點消散。現在聽到這句話，霧氣消失了，眼前的女人變得清晰明瞭，他卻有點悔恨。

三四郎希望美禰子的態度變回從前那種意味深遠的模樣。就像覆蓋在他們頭頂的天空，看不出究竟是渾濁還是清澄。但他也知道，要想讓她恢復那種態度，並非自己說幾句客套話就能辦到。

「那我們回去吧？」女人突然說，語氣裡並沒有反感的意思，但是聽在三四郎的耳中，卻覺得她的語調冷得好像已對自己失去了興趣。

天空又開始有所變化，陣陣涼風從遠處吹來，廣闊的田野上只有一輪紅日，看起來十分淒涼，甚至帶來幾許寒意。草叢升起的水氣使人全身發冷，三四郎這才發現，從剛剛到現在，他們竟然在這裡坐了這麼久。如果只有他一個人的話，肯定早就跑到別處去了。

「天氣好像有點冷了，先站起來吧。身體受涼了可不好。不過妳身體完全好了嗎？」

「嗯，已經全好了。」美禰子朗聲答完，立即從地上站起來。起來之後，她像在自語似的低聲說道：「迷途的羔羊。」她把每個字都拉得很長。三四郎當然沒有接腔。

美禰子指著剛才穿洋服的男人過來的方向說：「如果前面有路的話，我想從那間晒辣椒的屋子旁邊走過去。」於是，兩人朝著那棟稻草屋走過去，果然，稻草屋的背後有一條狹窄的小路，路寬大約只有一公尺。

兩人順著小路前進，走到半途，三四郎問道：「良子已經決定搬到妳家去了？」

女人歪著嘴笑了一下反問道：「為什麼問這個？」

三四郎正要開口回答，突然看到面前的泥坑，就在前方約一公尺多的泥土地上，有個積滿泥水的大洞。洞口的正中央還有一塊大小適中的石頭，是為了讓行人容易跨過才放在那兒的。三四郎立刻一躍而過，並沒踩在石塊上。跳過泥坑後，他轉頭望向美禰子，只見她右腳踏在石塊中央，但石塊放得並不穩，所以她的右腳稍微用力，肩膀就不免搖來晃去。三四郎主動伸出自己的手。

「抓住我的手。」

「不，沒關係。」女人露出笑容。三四郎伸著手等她，但她只顧著站穩，不肯跨出腳步。三四郎便抽回了的手，誰知美禰子這時突然把全身重量放在踩著石塊的右腳上，左腳則猛地向前一跨，跳過了泥坑。但因為怕把草履弄髒，她跳得過於猛烈，下身一下子失去了平衡，胸部也跟著倒向前方，於是她的兩手便猛地抓住三四郎的雙臂。

「迷途的羔羊。」美禰子嘴裡低語著。這時，三四郎清楚地感受到她的呼吸。

節錄自《三四郎》（夏目漱石／著；章蓓蕾／譯），二〇一六，麥田出版

❖經典放大鏡

解構文本脈絡

三四郎由九州至東京帝大讀書→接觸西方思想，感受教授與同學因應的各種態度→邂逅美禰子及淑子等時代尖端女性，產生愛戀之心→追求自主的愛情，但終究無法如願

圖說核心概念

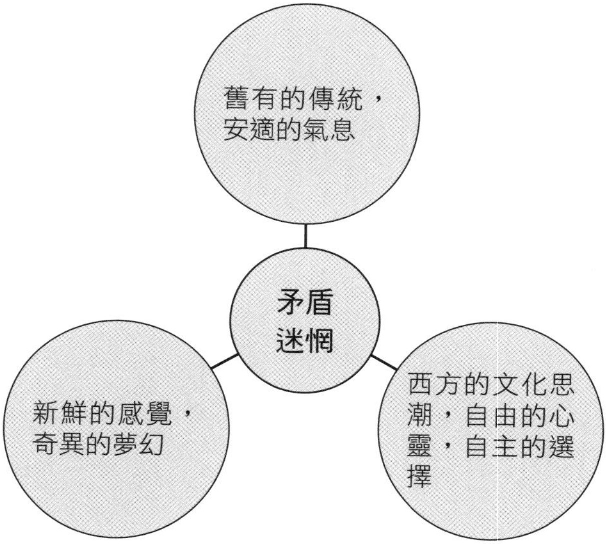

深度解析文本內涵與意義

《三四郎》敘述小川三四郎滿懷憧憬從鄉下到東京讀大學的所見所聞，以及邂逅美禰子、淑子等新女性，陷入男女戀情的過程與結果。這些敘事的內層是三四郎心裡的三個世界：第一家鄉世界，封存著平穩老舊的傳統，那是三四郎想要拋棄的「過去」，卻也是他退路；第二學問世界，埋首於知識的學者遭世人拋棄而不幸，又因逃離世間塵囂而幸；第三物質世界，充滿燦爛浮華的事物、內心企望的美女，明明近在眼前，卻難以接近，也是寓意最深的世界。

小說穿梭在小川三四郎對故鄉熊本的孤獨思念、懷抱追求學問與希望心靈自由、嚮往愛情的癡迷與挫敗之間。他在這三個世界經歷的甜美與苦澀、憧憬與迷惘，對理想的追求和幻滅的過程，凸顯「迷途羔羊」的主題。這既是少年成長的本質，也折射出日本在現代化政策下的巨變，以及知識分子在傳統與現代夾縫中的緊張處境。

夏目漱石提出「文學不再是消遣，不再是文人的休閒娛樂，而是關乎個人存在和社會集體運作的重要大事」的主張，因此小說架設在日本將淪為「西方殖民地」的危機與批判之上。鑒於日俄戰爭之後，日本為達到「被認可為世界上最強大、最文明的國家之一」的目標，追求「繁榮、力量、文化」全盤西化的政治環境。政府一方面從體制上撤銷貴族，結束武士為骨幹的階級權力，轉為忠於國家天皇、忠於所屬團體，以及對一切現有權威的尊敬與服從。另方面雷厲風行地改革服裝穿著、生活習慣、言語舉止、建築器用，以破除舊時代「陋習」，強化外在形式的文明移植。同時以立憲、殖產興業加速工業化，改變軍事武器、行政制度與思想，使日本「脫亞入歐」，取得國際認同。

在這樣的氛圍下，小川三四郎離開的不只是故鄉，而是脫離日本傳統文化、穩定的生活與價值觀。以他的視角見到鐵路、電車、新時代女性、脫口而出的英文、洋式房間、小提琴等所反映日本急速現代化的外在形式。而三四郎一再吐露的「吃驚」、感嘆「不協調」，覺得耀眼、訝異、惶恐、迷惘等五味雜陳的心情，則隱喻「明治時期的思想就是要以四十年的時間重現西洋經歷了三百年的歷史」的企圖，和追求文明的自卑與迷失。

小說呈現知識分子面對新思潮的種種反應：野野宮專於研究，與現實脫節，三四郎則對現代化的進步感到新鮮困惑；美禰子追求獨立，曖昧地周旋於三四郎與大學教授野野宮之間；清高自詡的廣田先生，活在既有的光環下卓然不群。但一如美禰子口中呢喃的「stray sheep」，和借來的書頁空白處所留下對日本大學生茫然無知的評論，顯示出日本盲目的西化，導致每個人都是在三個世界流浪徘徊的「迷路的羊」。

在新思潮席捲的浪裡，有熱衷追逐新鮮時尚的自負者，也有困在習慣而裹足不前的孤獨者，更多的是既缺乏智慧，也不具勇氣，搖擺不定之人。無論選擇哪種應對態度，難掩的興奮徬徨和焦慮痛苦一直持續著。至於結果，會像故事裡的三四郎在情場遭受挫敗傷痕累累？或如以西洋文化包裝，認為可以追求愛情自主的美禰子，終究被迫嫁給哥哥的朋友？沒有人能預料，我們能做的只是順著翻轉式的推力，創造屬於自己的時代。

❖跨域思考地圖

建立概念

宇宙萬物無時不在變化，那是成長的表徵，也是演化生存、國家發展的必然狀態。變化看似在瞬息中發生，其形式狀態萬千不一，但就長期觀察與統計結果，可歸納出客觀的規律，這便是道家所謂的「道」，我們要做的是掌握道的原理，「依其天理，因其固然」，便能游刃有餘地因勢利導，不被變化的巨浪吞噬。

建立於達爾文主義的現代化理論，認為所有社會都循著同樣的軌跡，經歷同樣的階段，邁向同樣的目標發展。從傳統、開發中、新興工業化到開發國家都走在同一條道路上直線進化，只是站的位置不同。西方歷經文藝復興、民主革命、工業化，數世紀的長期變革而走向現代。基於此概念，日本當政者認為如果追隨開發國家的腳步，便能達到理想境界。明治維新跟西方教育、思想、文化的實踐，就是與世界大國並駕齊驅的策略，但若過度沉迷或盲目信奉，而失去自己的文化傳統，民族的獨立性何在？

思辨指南針

「形勢比人強」這句話形容人無法抗拒環境的力量，無論那是社會群體或意識形態的合力形成的大趨勢，或是人為操縱的某種狀態，都意味任何人的力量都無法挽回這形勢，只能接受現實。

《人機文明傳》這本書說到：「歷史上每一次重大的科技進步，都會將某個高高在上的行業或技能『貶值』為地攤貨。」現實的無情正在於時間的逼迫，現代化的殘酷在於推陳出新的競爭。但我們可以觀察現象、思考形成的原因、途徑、結果，繼而推想這些形式反映的理念、追求目標、付出的代價以及對整體造成的影響。那麼，即使無法避免某些行業或技能的消失，卻能因為歷程性的經驗、創造性的突破，將傷害降至最低，利益最大化。

日本的明治維新、中國大躍進，將現代化的進程壓縮在數十年之間，以致東方與西方、傳統與現代的「對立」尖銳，造成社會風氣、人文思想的裂痕，認知與情感上的混淆與不安，同時暴露出民族的自卑與文化被殖民的問題。這經驗帶給我們的啟發是？站在變化更劇烈的今天，如何在新舊間找到平衡？選擇與放棄之間的價值追求是什麼？

思辨問題一：

人與時代無法分割，生活於數位網路的資訊時代，世界是平的全球化形態下，順應變化反而慌亂得找不到著力點？還是能因此掌握方向？

觀點對話

三四郎剛到東京，置身於忙碌摧毀與建設之中，心底浮現自己的世界與現實的世界的距離，於是汲汲追求社交聚會，高談闊論文藝哲學，但在屬於大學生的聚會裡，有人忍不住發出這樣的吶喊：「我們這一代青年，現在不僅遭到舊日本的逼迫，同時也活在新西洋的威壓之下，而且這種狀態還不能讓社會大眾知曉。」這正是三四郎與彼時許多日本年輕人的徬徨、迷惘。

不過，面對文明劫毀，與次郎的態度積極明確：「一切都在動搖，不跟著新形勢努力向前，而被時代淘汰的話，一切就完了。我們若是不主動掌握這股氣勢，等於就失去了生命的目標。」在追逐與妥協之間，凡人的掙扎才是現實，付諸行動的辯證才是生存，而我們勢必也能在改變中找到自己的定位。

思辨問題二：

我們都在改變世界，也都在被世界改變，年輕的一代如何能借力使力，在改變中突破而不迷失？

觀點對話

張愛玲在《流言》中感慨道：「這個時代，舊的東西在崩壞，新的在滋長中。……人們只感覺日常的一切都有點兒不對，不對到恐怖的程度。人是生活於一個時代裡的，可是這時代卻在影子似地沉沒下去，人覺得自己是被拋棄了。為要證實自己的存在，抓住一點真實的，最基本的東西，不能不求助於古老的記憶，人類在一切時代之中生活過的記憶，這比瞭望將來要更明晰、親切。」人因時代改變而驚慌，張愛玲認為抓住古老記憶才是最真實、基本的定錨。

《三四郎》裡東京大學學生，則懷抱研究文藝，「使受束縛的心靈得到解脫」的自信和決心，在慷慨激昂的論辯中談天說夢，論事評人，建構出屬於他們世代的見解，超越迷惘陰霾的智慧。

時至今天，這日本首屈一指東京大學仍延續幕府時期的劍道，以程序訓練與規範，培養嚴肅的禮儀和內心莊重誠敬的修為。「三四郎池」則是另一個東大在乎傳統，重視代表時代思想文學作品的見證，寄寓過去、現在、未來的年輕學子，於此經歷孤獨，懷抱追求學問，憧憬理想迷惘現實之間嘗盡甜美與苦澀，終將在探索成長本質的實踐裡，找到屬於自己的路。

思考對策：順水推舟因勢利導，保護傳統融入潮流，革故鼎新重構古義

所謂「順天者興，逆天者亡」，與其固守過去的形式或方法，不如調整心態接受改變。畢竟時機難得易失，形勢帶來的契機正是未來趨勢，順應潮流而動就是抓住未來的機會；找到客觀的規律，適應變化就是成長突破的利器。正如《三國志．魏書．賈傳》所言：「聖人常順時而動，智者必因機以發。」在流行與新創不斷刷洗舊的形式時，與時俱進的新興行業順潮而生，年輕人投身成為Youtuber、社群平台網紅，藉數位拓展機會，便是順應時機實現夢想開創事業的例證。

如果破壞是為了重建，在接受新潮流的同時，結合新媒介活化舊傳統，賦予新意義，便能重構舊文化的價值。是以聯合國教科文組織提出保護非物質文化遺產計畫，保護瀕危語言、傳統音樂藝術表演和技藝民俗。中國的端午節、媽祖信俗、送王船的習俗，京劇、崑曲、古琴藝術、皮影戲等表演藝術，宣紙製作、藏醫藥浴、太極拳之類的技藝都因此被視為珍惜的文明。

此外，在本土意識提高之下，文化觀光不僅創造經濟、文化交流，也引發社區營造、產業推動、地方運動、環境生態關懷，讓在地文化找到重生轉型的契機，在生活裡

煥發生命力。如撒可努創辦現代獵人學校，邀請人群走進山林，體驗原住民文化；憂心府城辦桌文化消失，於是有了跟著總舖師記錄即將失傳的菜色；為了保護黑面琵鷺棲地七股溼地，展開插竹枝護沙行動；大埔社區總動員，讓老菸樓重現風采；三芝志工團活化瀕臨消失的梯田，創造小農經濟，一起救環境；高雄劇團走向藝術公演和校園，在孩子心底播下傀儡戲的種子……都是保護傳統，以現代眼光重構意義的舉措。

❖延伸思考寫作站

題目一

《世界是平的：一部二十一世紀簡史》分析全球化的科技數位、企業經濟型態讓世界面對快速的改變，但更不可預料的全球暖化環境、人工智慧挑戰、貧富懸殊、高齡化……等問題接踵而來。處於這樣不確定的時代，對你來說是危機還是轉機？你因此感到茫然無措，還是積極樂觀？請說說你的看法與理由。（如它會影響你的價值觀、跟他人關係與方式或是個人生涯規畫？）

請自訂題目，寫一篇文章表達你的觀察、分析與想法，文長五百字左右。

題目二

若能重返或穿越至未來，想對十八歲的自己說什麼？

請以短文（三百字以內，含標點符號）或新詩（二十行以內，含空行）與自己說話。

（聯合報，二〇二一年文學大小事部落格徵文．致我的十八歲）

道德信仰

《史記》
《老人與海》
《飄》
《異鄉人》

苦人之苦，知己者死

——司馬遷《史記》

思考焦點：怎麼做才符合正義？仗義行俠是正義，還是以武犯禁？如何以法律、政策實踐正義？

❖今天讀什麼？

司馬遷（西元前一四五年—西元前一世紀初），字子長，陝西人，西漢時期著名的史學家和文學家。

司馬遷在十歲時誦習古文，隨董仲舒學習《春秋》，跟孔安國學習《尚書》，二十歲時開始遊歷江淮和中原各地，採集風俗考察傳聞。任史官的父親司馬談因無法隨泰山封禪之行，鬱抑而死，司馬遷承襲其職，任太史令，潛心述史。

漢武帝時，名將李廣的孫子李陵出擊匈奴，兵敗被俘，滿朝文武都認為叛降，全家當誅。司馬遷替李陵辯護而被處以宮刑，深陷恥辱的痛苦支持他完成《史記》，是中國

第一部紀傳體通史，正史之始。這本試圖「究天人之際，通古今之變，成一家之言」的史書，記載黃帝至漢武帝太初年間兩千五百年史事，與《漢書》、《後漢書》、《三國志》合稱四史。

書摘

魯國朱家與漢高祖是同一時代的人。魯國人都喜歡以儒家的仁義之道教導後人，但朱家卻因俠士之風而聞名。朱家所藏匿和救活的豪傑有幾百個，普通人被救的也不計其數，但朱家始終不誇耀自己的才能，也不因對別人有恩德而沾沾自喜。他救濟別人的困難，首先從貧賤者開始，對於那些他曾經施捨幫助的人，總避而不見。

朱家沒有多餘的錢財，衣著簡單樸素，生活儉約，每頓飯只吃一樣菜，乘坐的不過是牛車。他一心投入救助他人的危難，比辦自己的私事更急切。他曾經暗中幫助季布將軍擺脫被殺的厄運，等到季布將軍地位尊貴之後，他卻終身不肯與季布相見。因此函谷關以東的人們，沒有不伸長脖子盼望跟他交朋友。楚地的田仲以俠客聞名，喜歡劍術，以孝敬父親的禮節來侍奉朱家，他自認操行趕不上朱家。

節錄自《史記‧遊俠列傳》（司馬遷／著；陳嘉英／譯）

＊＊＊

曹沫，魯國人，憑藉勇力大著稱，魯莊公非常欣賞他，讓他當魯國將軍，跟齊國作戰的結果是三戰三敗。魯莊公迫不得已獻上遂邑求和，但並不因此嫌棄曹沫，依然讓他當將軍。

齊桓公答應和魯國在柯地會盟訂約。桓公與莊公站在壇上訂盟約時，深感愧疚的曹沫突然以匕首劫持了齊桓公，左右侍衛面對劍拔弩張的局面，都嚇得不敢動手。唯有管仲問：「你有什麼要求？」曹沫回答道：「齊國強魯國弱，大國侵犯魯國太過分了。現在魯國都城的城牆倒下來，就會壓到齊國的邊境，請考慮考慮這件事！」桓公於是答應把被侵佔的土地全部歸還魯國。

桓公說完話，曹沫就扔掉匕首走下盟壇，回坐到臣子的座位，臉色平靜，言談從容如故，就像沒有發生過一樣。齊桓公大怒，想要反悔，管仲勸阻道：「不能這樣，為貪圖小利讓自己痛快，就會在諸侯間失去信義，最終失去天下的援助，不如把土地還給他們吧。」於是齊桓公把曹沫三次戰役所失去的土地全部還給魯國。

節錄自《史記・遊俠列傳》（司馬遷／著；陳嘉英／譯）

＊＊＊

豫讓，晉國人，曾侍奉范氏和中行氏兩位大臣，但均未受到重用而沒沒無聞，於是離開轉而奉事智伯。智伯對他非常尊重，後來智伯攻打趙襄子，趙襄子和韓、魏合謀，滅了智伯，三家分割他的國土。怒恨智伯的趙襄子，把智伯的頭蓋骨漆成飲器。

萬分悲憤的豫讓潛逃到山中，說：「唉！士為知己者死，女為悅己者容。智伯是我的知己，我一定要捨命為他報仇，才能無愧。」於是改名換姓偽裝成受過刑的人，潛入趙襄子宮中修整廁所，身上藏著匕首想伺機刺殺趙襄子。趙襄子到廁所去時，發現有一個勞役目露凶光看著他，便叫眾人把他拿下，從他的身上搜出兇器，才知道是豫讓。豫讓說：「我要替智伯報仇！」趙襄子的左右侍衛立即要把豫讓推出去殺掉。襄子說：「他是義士，今後我小心迴避他就是了。況且智伯全族被我滅掉，已經沒有後人，他的家臣想替他報仇，真是天下的賢人啊！」所以就把豫讓放走。

過了不久，豫讓自毀容貌，把漆塗在身上使肌膚腫爛，吞火炭燒壞聲帶，沿街討飯，連他的妻子都認不出他。路上遇見朋友認出來他道：「你不是豫讓嗎？」他回答說：「我是。」朋友為他流眼淚說：「憑您的才能，委身侍奉趙襄子，襄子一定會親近寵愛您，您再藉機做您所想做的事，豈不是很容易嗎？何苦摧殘自己的身體醜化形貌，想要用這樣的辦法達到報仇的目的，不是更困難嗎？」豫讓說：「憑藉侍奉對方，然後殺掉他，這是懷著異心侍奉主人。我知道選擇這樣的做法會讓事情變得更困難，可是我就是要讓天下後世的那些懷著異心侍奉國君的臣子感到慚愧！」

豫讓說完就走了，不久，襄子外出，豫讓藏匿在他必定經過的橋下。襄子走到橋上時，突然受驚，襄子猜到是有人行刺，說：「這一定是豫讓。」派人查問，果然是豫讓。襄子列舉罪過指責豫讓說：「你不是曾經侍奉過范氏、中行氏嗎？為何智伯把他們都消滅了，你不替他們報仇，反而當智伯的家臣。智伯已經死了，你一心一意替他報仇，這是為什麼呢？」

豫讓說：「我侍奉范氏、中行氏時，他們把我當作一般人看待，所以我像一般人那樣對他們。至於智伯，他把我當作國士看待，所以我必須像國士那樣以傑出的行為替他報仇雪恨來報答。」襄子喟然長歎，流著淚說：「唉，豫讓先生！你為智伯報仇的事蹟，已成就美名了；而我寬恕你過一次，也足夠了，我不能再放過您了！」於是命令士兵團團圍住他。

豫讓說：「我聽說賢明的君主不埋沒別人的美名，忠臣有為美名去死的道理。以前您寬恕了我，普天下沒有誰不稱揚您的賢明。今天的事，我本當受死罪，但我希望能刺您的衣服幾下，達到我報仇的願望，那麼，即使死也沒有遺憾。我不敢指望您答應我的要求，但我還是冒昧地說出心意！」襄子非常讚賞豫讓的俠義，就派人拿自己的衣裳給豫讓。豫讓拔出寶劍多次跳起來擊刺它，說：「我可以報答智伯於九泉之下了！」於是以劍自刎。豫讓的事跡傳開，趙國志士仁人聽到這個消息，都為他的精神所感動，為他的死而悲泣。

節錄自《史記．刺客列傳》（司馬遷／著；陳嘉英／譯）

❖ 經典放大鏡

解構文本脈絡

遊俠列傳

朱家救人無數，生活簡約→冒死救季布，擺脫厄運→季布為官，終身不見

刺客列傳

曹沫事莊公，三戰三敗→莊公割地求和，不棄曹沫→會盟訂約，曹沫劫持齊桓公→齊桓公歸還割地

豫讓奉事智伯→趙襄子將智伯的頭蓋骨漆成飲器，豫讓暗殺報仇→豫讓自毀容貌，再度行刺→豫讓以劍刺智伯衣服後自殺

圖說核心概念

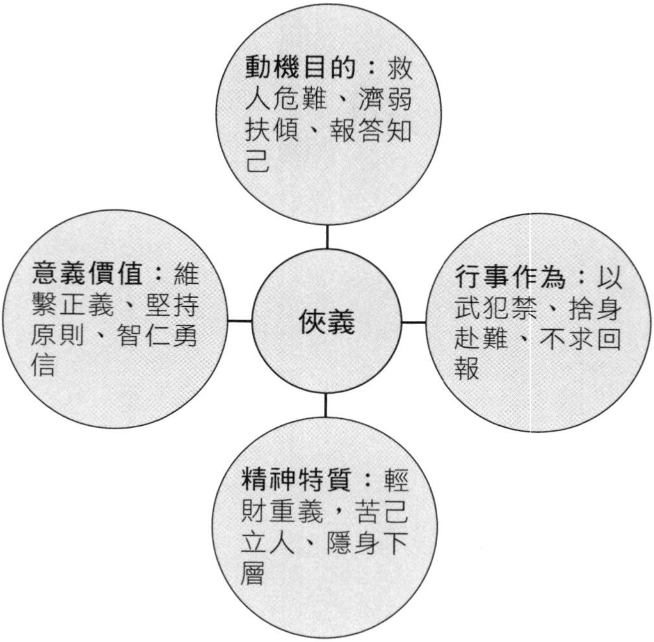
動機目的：救人危難、濟弱扶傾、報答知己
意義價值：維繫正義、堅持原則、智仁勇信
俠義
行事作為：以武犯禁、捨身赴難、不求回報
精神特質：輕財重義，苦己立人、隱身下層

深度解析文本內涵與意義

隨著周天子權力與威望衰退，原屬王官的知識家流入諸侯采邑，形成老子、孔子、韓非等建立獨立思想體系的學術，力圖以自身內在的價值，獲得社會認同與尊重。戰國時期諸侯為富國強兵壯大聲勢，興起養士、徵才、用人之風，推波助瀾之下學術下移的狀況益盛。既有戰國四公子為排難解憂，鞏固地位勢力，提高聲望而聚門客三千；又有齊稷下學宮、燕黃金台廣招天下人才的學術論壇，激盪治國前瞻宏識的國家政策，和秦穆公收攬遂霸西戎、孝公以商鞅變法，徹底安定公室，改變風氣，創造威震天下的國力。

在求才若渴，崇尚多元人才的現實氛圍下，尚武之風隨之而興。刺客、遊俠以視死如歸的奇偉建立功業，也因為以命報恩的沛然悲壯而動人。司馬遷之所以為這些下層人物作傳，固然出於戰國征伐不休，民不聊生，故不在乎宗法等級之外在因素，而重視人物的內在價值、生命追求與作為的背景，也與他個人際遇有關。

司馬遷因辯李陵而遭宮刑，看清漢代外儒內法的嚴酷殘虐，進而思索韓非子譏笑「儒者以文亂法，俠以武犯禁」，但俠者被鄙夷，儒生卻多為世人所稱揚，受封公侯的人就是仁義者的現實。再者，以權術取得宰相卿大夫的職位，輔助當代天子，功名往往被記載在史書之中，何以遊俠「其言必信，其行必果，已諾必誠，不愛其軀，赴士之戹困」，尤其經歷生死存亡的考驗，卻不被統治階層認可？

基於對「成者為王，敗者為寇」不平的遊俠觀，〈遊俠列傳〉中，司馬遷崇敬朱家、劇孟和郭解等不同類型的俠客，肯定他們「遊俠豪倨，藉藉有聲。權行州裡，力折公卿」，為道義而死卻不顧世俗責難的高貴品德，以及路見不平拔刀相助，扶助弱小，在一定程度上維護正義的社會價值。

朱家以「仗義輕財、苦己救人」的俠之風範，藏匿和救活數百豪傑，更寧冒漢高祖劉邦「懸賞千金緝拿，藏匿者，連罪三族」的危險救季布。朱家表面上看是救人之危，但更深層的意涵是季布是賢才，當為世所用以安邦定國，和基於敬仰「得黃金百金，不如得季布一諾」所顯現的誠信。

以行俠仗義聞名於楚的季布，在楚漢相爭中多次圍困劉邦。季布為項籍所用，各為其主效命，所以高祖不該懷恨在心，陷於公報私仇趕盡殺絕之不義與氣量狹隘之陋。是以，朱家設法請夏侯嬰說劉邦將季布予以赦免，最可貴的是從此不相見，這正是俠骨俠情——行義求道不為名利，天涯海角相忘江湖，縱浪大化不沾不泥。

〈刺客列傳〉記述戰國時力大勇敢的曹沫劫持齊桓公、勇猛過人善於廚藝的專諸刺吳王僚、豫讓替智伯報仇、以任俠著稱的聶政刺俠累、慷慨擊劍的荊軻刺秦五個悲壯的歷史故事。司馬遷肯定他們為報答知己輕生死、重義氣而無畏無懼的氣魄，挑戰權貴堅守抉擇的勇氣。無論俠義之舉是否成功，他們秉持良心，目標明確，名聲流傳後代並不虛妄。

列傳中，以荊軻刺秦王的故事最為人所知。荊軻帶著燕督亢地圖、秦國叛將樊於期首級，在蕭蕭易水寒的送別悲風下，抱持「壯士一去兮不復還」的壯烈情懷，前往秦國。秦宮戒備森嚴，秦王的目光凌厲肅颯，圖窮匕見之際，荊軻劍氣飛逸勇猛凜然，雖功敗垂成，但「其人雖已沒，千載有餘情。」

做為刺客，有被捲入政治風暴的荊軻刺秦王者，也有如曹沫報知遇之恩者，在慷慨赴難之前都經過尊重人格的信任，生命價值的審度。這些看似現實的背後是如果燕太子不假洗刷國辱的大任託付，荊軻斷然不會接下刺殺任務；魯莊公在三戰三敗割地求和之後，不能維持官職授權的榮耀與肯定，曹沫絕不會甘冒大不韙，在國際盟約上責備齊桓公以大欺小，出險招以劫持；范氏、中行氏視之平凡人，智伯卻能識之為國士給予尊崇，這是豫讓之所以堅持報仇之所繫。

刺客判斷「值得」交出生命的權衡，不在個人的利與害而在純粹的義。那份義未必是社會的價值準則，而是他們心中認定的一把尺。於是我們看到曹沫為了失敗的愧疚、國家的榮辱，以一身凜冽震懾全場；豫讓不願假意侍奉趙襄子，以得到暗殺的最佳機會，違背忠的信念，更為了那個眼裡有我的「知己」，漆身吞炭，處心積慮於行刺計畫。

誠如張大春《效忠與任俠——七俠五義》裡的分析：「刺客注重的是感情，強調有恩必報，都有政治意圖，不見得有固守的原則和遵循的理念，卻肯為了伯樂而犧牲自己的生命。例如士為知己者死的豫讓，用心不二；或如聶政割臉皮、挖眼睛，避免連累嚴仲子等，他們沒有獨立的地位，常依附於權貴門下，成為專為恩主行刺之人，也因此，所作所為驚天動地。」

❖跨域思考地圖

建立概念

俠，通常有俠士、遊俠、豪俠之稱，顯現他們具備「士」的道德節操與風骨；漂泊「遊」蕩，居無定所的生活型態；無視法紀，不拘世俗規範、慷慨輕財、無私利他的「豪」之特質。正如李白〈俠客行〉所言：「十步殺一人，千里不留行。事了拂衣去，深藏身與名。」

金庸在《神鵰俠侶》言：「為國為民，俠之大者。」僅憑手中一把劍行俠仗義，胸中替天行道的意志斬奸除魔名垂青史，其所含藏追求道義的榮譽感、造福天下的濟世價值，和帶著浪漫的英雄主義投射，使得俠文化思想在中國民間飽受欺凌、無處申訴的時空背景中，成為最後一根挽回公理正義的稻草。

刺客和遊俠是身分特殊的人物，他們通常具有一身武藝，個性堅毅不屈，為榮譽和捍衛的價值不惜鋌而走險，為道義和信奉的原則不惜犧牲生命。不同的是刺客屬個人行為，遊俠是集團，因此就「民間性」、「社會影響力」而言，豪俠勝於刺客。

這或許可以說明風塵三俠、七俠五義、紅線傳、聶隱娘奇幻故事之歷久不衰。武俠小說裡的江湖豪客、《水滸傳》中的綠林好漢，或展現獨立門派的刀工劍術飛簷走壁，或以道家自然之術練丹養氣施幻術，或結合佛家慈悲幽深禪理的武俠小說都因為這份正義凜然，一直是為人津津樂道的故事，影視熱門題材。

歐洲中世紀高尚勇敢、愛惜名譽的騎士精神，蝙蝠俠、閃電俠、青蜂俠為天下除害的理想性、化險為夷的正義，在與現實的衝突下展現人格高度與亮度。乃至美國拓荒時期的荒野大鏢客、掏金快槍手往往因放縱不羈的個性、劫富濟貧的舉止、藝高人膽大的特質而引人入勝。

思辨指南針

一諾千金豪氣干雲，「以天下為己任」的價值觀是遊俠的本質。在動盪不安的亂世，禮義崩壞的社會環境中，遊俠企圖以自身勇武之力、鍛鍊的功夫替天行道，建立和樂太平的理想，是以形成要實踐儒家入世精神，必要有幾分犧牲小我，完成大我的俠氣傳統。

然而，以暴制暴、以殺止殺的手段，是否合乎正義？儘管劫富濟貧的動機良善，但其行為與盜匪何異？無視法律，挑戰公權力的任性不羈是否合理？至於刺客，為個人恩怨一意孤行，以自我為中心評斷是非，這樣以身殉之是否值得？這種種質疑，似乎可以解釋俠之所以遊走四方飄忽不定，位居底層深藏不露，神祕不可測。

趙襄子問豫讓：范氏、中行氏曾是你服侍的主人，為何智伯消滅了他們，卻不替他們報仇，反而當智伯的家臣。這是以不忠質疑之，也是探究豫讓選擇如此剛烈方式自毀毀人，所堅持的道義是什麼？

邁可．桑德爾在《正義：一場思辨之旅》中，檢方以哄抬物價問罪經濟上供需決定價格的市場反應，兩種不同立場與論點，探究福祉、自由、美德。正義一定會涉及美德與選擇。不過「現代政治思想家從十八世紀的康德到二十世紀的羅爾斯，都認為界定個人權利的正義原則不該建立在特定的美德觀或最佳處世之道之上，尊重人人對良善人生的自主選擇，才是正義社會。」這說明所謂最良善的為人處世之道，和值得表揚的美德不應是特定的，而是繫乎個人對道義的信仰與界定，這讓我們不禁疑惑主觀的判斷，自主的選擇就能合乎正義嗎？

思辨問題一：

韓非子《五蠹》言：「儒以文亂法，俠以武犯禁，而人主兼禮之，此所以亂也。夫離法者罪，而諸先生以文學取，犯禁者誅，而群俠以私劍養。」其意在指責國家混亂的根源在儒生利用文章擾亂法紀顛倒黑白，遊俠使用武力違犯禁令，而君主卻以禮相待。犯法者本該判罪，但那些儒生卻靠著文章學說得到任用；犯禁的本該處罰，而那些遊俠卻靠著充當刺客得到豢養。

根據上文及《史記．遊俠列傳》，比較韓非子、司馬遷對俠的觀點有何不同。

觀點對話

韓非子是韓之貴族，有感於處於大國之間的韓積弱不振，強敵壓境，作《五蠹》指責學者（儒者）、言談著（縱橫家）、帶劍者（俠客）、患御者（害怕戰爭當兵的人）、商工之民是擾亂法治的五種人。出自儒家，成為集法家大成的韓非子，強調君權至上，結合法（統治者制定統一的法律、法令、規章制度等眾人必須遵守的外在制約）、術（統治者對屬下的制馭、控制之術）、勢（君主的位勢，即集中權勢而獲得的控制力），建立一套有系統的法家思想理論。

站在國君統治的立場，韓非子強調法律的絕對性，但儒者卻以巧立名目混淆法理，俠者擁有兵器聚結勢力，就像猛狗社鼠挑戰公權力，減損君王威權。韓非子更進一步批判國君竟必須禮遇這些犯禁之儒者、俠客，給予很高的社會地位不啻倒持太阿助長惡勢。

然就司馬遷角度而言，俠以武犯禁，是因為法令之禁不再是維持社會正義的綱紀，而是誅殘百姓工具。強權者為王，失敗者為寇，諸侯國如此，大夫之間亦然。重義輕生的俠，憑一把利劍反抗官府打壓，為的是申天下不平之冤，報一份鋤強扶弱的義氣。

正如亞里斯多德所言正義具有目的性，也具有榮譽性。司馬遷看重的是俠者仗義守信、濟弱扶傾認為的行為目的；韓非子偏重於俠的作為對社會風氣、法律行政的影響。

不論俠者懷抱的理想多高，其目標多麼淑人濟世，終歸不容於當權者，秦漢打壓之下，俠者即使武功高強，多隱姓埋名離群索居，或行蹤飄忽不定。

思辨問題二：

正義是由個人自由心證界定？還是必須回到社會整體思考？法律是正義嗎？

觀點對話

亞里斯多德認為正義是人人各得其應得，不先思考什麼是最佳的為人處世之道，就無從得知什麼是正義。因此正義的基礎是人人自覺，能思考並在不斷辨析中確認良善，建立理性的正義觀。至於法律在良善人生的問題上，是不可能保持中立的。

實踐於公領域的正義，既建立於人人能秉持良善做為行事準則，更在於以社會的角度考量正義或補救不公的「社會正義」。羅爾斯《正義論》利用社會契約的衍生方式來解決分配公正的問題，提出自由和平等原則以達到「正義」。所謂自由原則是每個人都應該有平等的權利，享有最廣泛的基本自由權；平等原則是所有人享有公平均等的機會，並應該調整社會和經濟的不平等，使得劣勢者受益。

思考解決對策：相關政策、社會福利、公民道德、共享資源、志工服務

正義是社會普遍的道德，關乎教育、經濟、政治、性別、職業的公平對待，也涉及環境生態、居住空間等資源分配，是以被聯合國視為保護人權的代表。

為保障每個人在社會上被合理對待的生存權與尊嚴，法律仍是法治社會裡最具公信力、約束力的防線，政策則是維繫的關鍵。譬如房市交易資訊透明化、增加囤房、炒房賦稅，以抑制房價炒作；同時興建公民住宅、合宜住宅、平價住宅，都是為達到「住者

適其屋」的居住正義。

社會正義應以有利於社會底層為前提，長照、老人年金、失業救助、生育補助、育兒津貼等，都是實踐「老有所終，壯有所用，幼有所長，矜寡孤獨廢疾者皆有所養」，維護人民基本生活水準，擁有安定、健康、尊嚴生活的正義措施。

至於基於道德、善心，主動參與的各項志工活動、網路促使共享平台、知識技術的交流都帶著相互為助，共達美善境界的正義實踐。

❖延伸思考寫作站

題目一

一、《戰國策．齊策》中記載馮諼為孟嘗君收責（債）於薛，使吏召諸民當償者，悉來合券。券遍合，起矯命（假稱奉孟嘗君之命）以責（債）賜諸民，因燒其券，民稱萬歲。後齊王廢孟嘗君，孟嘗君就國於薛，未至百里，民扶老攜幼，迎君道中。

二、《史記》〈遊俠列傳〉與〈季布欒布列傳〉記載漢高祖劉邦滅項羽後，懸賞千金捉拿項羽舊屬季布，並下令窩藏者將誅滅三族。魯人朱家為遊俠，與季布並不熟識，冒死藏匿季布，並透過夏侯嬰（漢代開國功臣，與劉邦交情甚深）說服劉邦赦免季布的罪。但後來季布做了官，朱家反而終身都不與他相見。

三、一九一二年，搭載三千多人的巨型郵輪鐵達尼號撞上冰山，在沉船的危急時刻，儘管救生艇數量有限，士紳仍協助婦孺優先搭乘逃生，並未爭先恐後自顧逃命。

四、某品牌鞋子廠商以「賣一捐一」的方式銷售產品：廠商每賣出一雙鞋，就捐一雙給需要的人。

人們行事往往有其原因或目的，例如積極援助國際難民的行為，政治人物有可能是迫於民意與輿論壓力不得不然；企業家有可能是為了博取好名聲而慷慨解囊、捐助大筆經費；教徒有可能是受到宗教信仰的影響因此主動救援。一件表面上看來是單純援助難民的行為，背後卻有各式各樣的緣由。

請仔細閱讀以上四則事例，一一分析馮諼、朱家、士紳、廠商他們行為背後的原因或目的，然後分別加以評論。

注意：請以條列方式分別作答，四則事例每一則皆需分析、評論。

（一〇六年試辦國寫題）

題目二

問題（一）：依據上文（掃描QR code看全文），民眾認為鄰避設施有違社會公平性的原因為何？文長限六十字以內（至多三行）。

問題（二）：如果政府或業者將在你家附近設置「流浪動物之家」，你贊成或反對？請說明你的立場和理由。文長限四百字以內（至多十九行）。

（一〇八年大學入學考試中心研究用試卷）

禮敬對手，永不妥協

——厄尼斯特．海明威《老人與海》

思考焦點：如果奮力一搏的結果是場空，這是失敗嗎？懷抱甚麼樣的信念，讓人得以堅韌不屈？知其不可而為之的意義是？

❖今天讀什麼？

厄尼斯特．米勒．海明威（Ernest Miller Hemingway，一八九九—一九六一年），一九五四年獲諾貝爾文學獎，是二十世紀最著名的小說家之一。

海明威出生於芝加哥奧克帕克，父親是醫生，後從事房地產生意，喜歡集郵、製做動物標本。母親則善於歌唱、音樂。在瓦隆湖富裕環境成長的他，沉浸於看書、模仿喜歡的人物角色，並徜徉於森林湖泊打獵、釣魚、露營。這樣的生活養成他鍾情於與大自然接觸，多次到杳無人煙的地方旅行，以及熱情地投入鬥牛、賽馬、拳擊、足球等活動。

海明威對生命的探索使得他拒絕上大學，十八歲進入美國舉足輕重的報社當記者，雖僅短短六個月的磨練，但深受「句子要寫得簡潔，文章開首之段落要短，用強有力的的字眼，思想要正面」的記者信條影響，形成他簡潔、直接的寫作風格。

「身材結實、寬肩膀、頭形端正、深棕色的頭髮和小鬍子」的硬漢形象，讓他順利加入美軍，以報導第一次世界大戰。目睹戰爭的殘酷，及被砲彈襲擊負傷讓他深深領會死亡與毀滅。在米蘭美國紅十字會醫院工作的他，愛上同樣來自美國的護士，惜無緣結合，後將揮之不去的遺憾寫成自傳小說《戰地春夢》。戰爭結束後，他來往於芝加哥、巴黎，西班牙、古巴擔任記者，到非洲狩獵。

海明威是美國「迷失的一代」的代表作家，作品呈現當時社會對人生、世界的迷茫彷徨，但也因為外在環境險峻，激勵出人的意志與潛力，展現出在無法征服的敵人之前選擇對抗的勇氣。《老人與海》不僅展現他不斷超越自己極大限度的個性，也濃縮其人生的體悟與反覆錘鍊的文字，更是海明威心目中的理想原型。

海明威一向以獨特的「冰山理論」與個性化的創作風格著稱，怎奈這樣一位讓巴黎成為《流動的饗宴》、把古巴哈瓦漁人銘刻於《老人與海》、將二戰後威尼斯的愛情寫進《渡河入林》、以《妾似朝陽又照君》寫紅了西班牙鬥牛的他，晚年卻因兩次飛機失事及森林大火意外而為疾病所苦，最後用心愛的獵槍結束生命。約翰．甘迺迪總統在唁電中，以「幾乎沒有哪個美國人比厄尼斯特．海明威對美國人民的感情和態度產生過更大的影響」，為這樣洋溢閃閃發光精神的作家戴上致敬的冠冕。

書摘

他這個老人，獨自划船在灣流上捕魚，已經八十四天沒有漁獲了。最初的四十天，有個男孩跟他一起出海。可是四十天沒捕到魚後，父母對男孩說，這個老人現在絕對是犯晦氣，也就是倒楣至極，所以男孩在父母要求下，改去第一週就捕到三隻好魚的另一艘船工作。老人每天回來時，船上都空空如也，孩子為這情景難過，總是會過去幫老人拿魚線捆，或是搭鉤、魚叉及纏著船桅的船帆。船帆的破洞用麵粉袋補過，捲收起來，就像一面代表永遠失敗的旗幟。

老人瘦削又憔悴，後頸有深深的皺紋。熱帶海洋反射出的陽光，在他的雙頰留下良性皮膚癌的棕色斑痕，布滿臉龐兩側。與大魚之間的拉扯，則讓魚線在他手上留下深溝狀的疤。可是沒一條疤痕是新的，它們的歷史，就像無魚沙漠的蝕刻一樣久遠。

他一切老邁，除了眼睛——他的雙眼與海水同色，既有精神，又毫無挫敗感。

＊＊＊

「魚啊，」他溫和地出聲。「我跟你至死方休囉。」

我猜他也會跟著我，老人心想。等著天亮，日出前的這段時間很冷，他靠著木板取暖。我可以跟他耗得一樣久，他心想。從第一道曙光看去，魚線向外一路延伸到水裡。船穩定地前進，太陽的第一道輪廓出現，照亮老人的右肩。

「他往北邊去了。」老人說。海流會將我們遠遠帶往東邊，他心想。希望他會隨海流轉向，那樣就代表他累了。

太陽升得更高，老人發現那隻魚還不累。只有一個徵兆對老人有利。魚線呈現的斜度，表示他游在比較不深的地方了。這未必代表他會跳動。不過的確有這個可能。

「上帝讓他跳起來吧，」老人說，「我有夠長的線對付他。」

要是我拉得稍微緊一點，說不定就會傷到他，讓他跳起來，他心想。現在是白天了，應該讓他跳起來，這樣他脊骨邊緣的魚鰾就會灌滿空氣，讓他無法到水深處尋死。

他試著拉得更緊，可是釣到那隻魚以後，魚線已經繃緊到即將斷裂，他後仰拉線時感覺到了嚴重性，知道不能更用力。我絕對不能扯到線，一次也不行，他心想。每次扯動都會讓鉤子製造的傷口變寬，接著他如果跳起，鉤子可能就跟著脫落。總之太陽讓我好過一些了，這是我第一次不用直視日光。

魚線上有黃色的海草，老人知道這樣純粹讓魚多了一樣阻力，他很開心。這正是夜裡製造了大量磷光的黃色馬尾藻。

「魚啊，」他說，「我非常尊敬你、愛你。不過我會在今天結束前殺了你。」

希望如此，他心想。

＊＊＊

再下一圈，老人差點逮住他了。可是魚再次調整方向，緩慢游開。你在要我的命，魚啊，老人想。可是你是有權這樣做沒錯。兄弟，我從沒見過比你更大或更美、更冷靜或更高貴的魚。來吧，殺了我啊。我不在乎我們是誰殺了誰。

你現在頭腦混亂了，他想。你一定得保持腦筋清楚。保持腦筋清楚，明白如何以男人的態度受苦；或以魚的態度。

「清醒啊，腦袋。」他用微弱到幾乎聽不到的聲音說，「清醒啊。」這樣的狀況又持續了兩圈。

我不知道，老人想。他每次都覺得自己要昏倒了。我不知道。不過我會再試一次。

他再試一次，拉到魚轉向的時候，他覺得要昏倒了。那隻魚調整方向，再次緩慢游開，巨大的尾巴在空中搖擺。

我會再試一次，老人答應自己，雖然雙手已經發軟，眼睛也只能斷斷續續看清前方。

他再試一次，結果一樣。所以他想：我要再試一次。可是他還沒動手，便感覺要暈厥了。

他花了所有功夫、剩餘的力氣，以及他早就蕩然無存的自尊，抵抗那隻魚的掙扎，魚側身靠了過來，就這樣側身緩緩游動，嘴喙幾乎碰到小船的鋪板，銀底帶著紫色線條的身體，既長又高聳、寬闊。他游經小船的時候，巨大的就像沒有邊界。

老人放下魚線，踩在上頭，盡可能高舉魚叉，用盡所有力氣與突生的力量，一舉插下，那隻魚巨大的胸鰭在半空高舉起來，伸到老人胸口的高度，魚叉插在他胸鰭後方的身側。老人感覺魚叉刺進去了，於是壓在上頭，讓它刺得更深，用全身的力量推下去。

那隻魚精力充沛起來，瀕臨死亡，高高跳出水面，露出龐大的完整身長與體寬，顯現所有力與美。他看起來就像懸在老人的上空，接著他嘩啦落入水中，水花濺在老人與整艘小船上。

＊＊＊

鯊魚迅速靠近船尾，攻擊那隻魚，老人看見他張開的嘴，與眾不同的眼睛，以及他撲來撕咬尾巴上方的魚肉時，牙齒發出喀嚓作響聲。

鯊魚的頭離開水面，背部也跟著出現，老人一邊聽那隻大魚皮膚與肉被撕開的聲音，一邊猛力將魚叉插進鯊魚頭顱，位置就在雙眼相連的線與鼻子的直向中線交會處。這些線當然看不見，他的眼前只有沉重又尖銳的藍色頭顱，一雙大眼，以及喀嚓作響、猛力擊刺和吞噬一切的魚嘴。不過大腦就在這個位置，老人擊中了。他用染著血汙的雙手，拿一柄結實的魚叉，全力攻擊這個位置。他絕望但堅定，以純粹的敵意出手攻擊。

鯊魚翻了一圈，老人看見他的眼睛沒了生命的氣息，他又滾了一次，身體在繩子裡捲了兩圈。老人知道他死了，可是鯊魚自己不接受。他仰躺，尾巴激烈擺動，嘴巴開闔作響，像快艇一樣激衝海水。魚尾擊打處的海水變成了白色，四分之三的魚身清晰露在水面上，繩子收緊了，顫動而後斷裂。鯊魚安靜地在海面躺了一下子，老人注視著他，他非常緩慢地下沉了。

「他咬掉了大概四十磅。」老人大聲說。他也帶走了我的魚叉，還有所有的線，他想，我的魚現在又流血了，之後還會引來鯊魚。

那隻魚變得不完整之後，老人再也不想看他了。他受到攻擊時，老人覺得就像自己受到攻擊。

不過那隻鯊魚攻擊我的魚之後，也被我殺了，他想。他是我見過最大隻的尖吻鯖鯊。上帝知道我見識過大魚。

狀況本來就好到不該長久。我現在希望這是一場夢，我從來沒釣到那隻魚，而是獨自躺在我那鋪報紙的床上。

「不過人可不是生來失敗的，」他說，「人可以被毀滅，但不能被打敗。」但我很抱歉殺了那隻魚，他想。糟糕的時候要來了，我甚至沒了魚叉。尖吻鯖鯊很殘忍、有本事，強壯又聰明。不過我比他更聰明。可能也沒有，他想。我說不定只是裝備比他強。

* * *

男孩早上探頭進來時，他正在睡覺。風吹得太強了，船無法出航，男孩睡得晚，跟每天早晨一樣，來到老人的小屋。男孩聽到老人在呼吸，看見老人的雙手哭了起來。他非常安靜地離開，去帶一些咖啡回來，一路上哭個不停。

眾多漁夫圍著小船，望著綁在船邊的東西。一個漁夫站在水中，捲起褲管，用一條線測量那具骨骸。

男孩沒有下去，他去過了。別的漁夫正為他看管那艘小船。

「他怎麼樣了？」一個漁夫大叫。

「在睡覺。」男孩喊道。他不在乎大家看到他在哭。「任何人都別吵他。」

「他從鼻子到尾巴有十八呎啊。」測量魚身的漁夫喊道。

「我相信。」男孩說。

路邊的小屋裡，老人又睡了。他仍然俯臥著，那孩子坐在一旁看著他。

老人正夢見了獅群。

節錄自《老人與海》（厄內斯特・海明威／著；傅凱羚／譯），二〇二二，木馬出版

❖經典放大鏡

解構文本脈絡

老人獨自出海捕魚→與射中的馬林魚搏鬥→制服的大魚被鯊魚啃食→老人奮力反擊，大魚被吃盡，老人拖回一副魚骨架

圖說核心概念

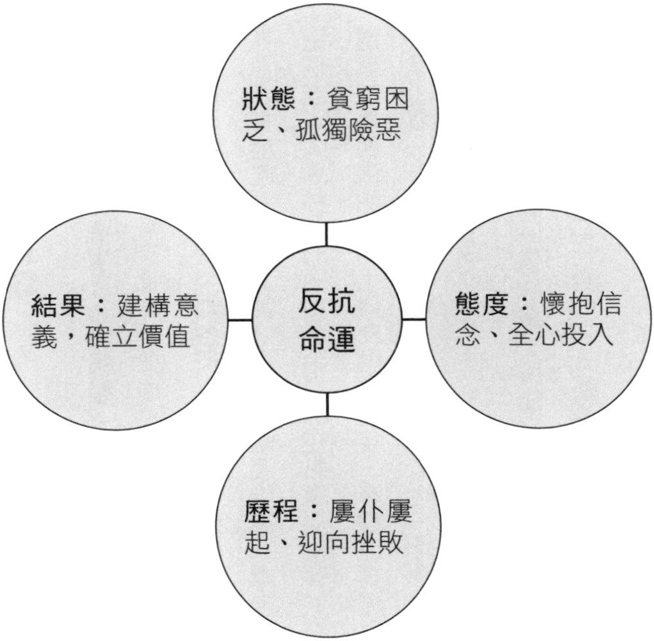
狀態：貧窮困乏、孤獨險惡
結果：建構意義，確立價值
反抗命運
態度：懷抱信念、全心投入
歷程：屢仆屢起、迎向挫敗

深度解析文本內涵與意義

這本世界名著的本事來自一則報導：「有一個老人獨自在加巴尼斯港口外的海面上打魚，他釣到一條馬林魚，那條魚拽著沉重的釣絲把小船拖到很遠的海上。老人一個人在灣流的小船上用槳打、戳、刺各種方式對付游到船邊襲擊那條魚的鯊魚，累得他筋疲力盡，鯊魚卻把能吃到的地方都吃掉了。兩天以後，漁夫們在朝東方向六十英里的地方找到了這個老人，馬林魚的頭和上半身綁在船邊上，剩下的魚肉還不到一半，有八百磅重。」這個故事與海明威的生命交融十幾年，滲透他實際生活裡狩獵、拳擊、鬥牛、棒球、釣魚等活動，和參與兩次世界大戰經歷生死、受傷的歲月痕跡，方才形塑出老人的「硬漢」形象，和永不妥協的精神意象。

在這本海明威自認「這一輩子所能寫的最好的一部作品」裡，為了顯現命運的殘酷無情，海明威讓這孑然一身的老人連續八十四天沒有捕到任何一條魚，被鄉人鄙視為極度不幸運者，窮得連食物、毛毯、魚餌都是小男孩準備的。他唯一擁有的是漁人的敏銳，沉默寡言，冷靜自制迎向挑戰的信仰，以及平靜嚴肅接受生命中死亡與缺失的透達。

第八十五天，老人和過去的每一天一樣在凌晨出海，沒有絕望的恐懼，沒有沮喪的退縮，更沒有怠惰的逃避，而是慎重而準確地放下魚餌和魚竿。然後靜靜地等待，看著軍艦鳥俯衝的威猛之際，飛魚躍起逃奔，海豚緊隨其後，馬尾藻、僧帽水母、海龜，自言自語地訴說著對大海的熟知與深情。

他接受向人生種種磨難宣戰，超越生命極限的「使命」：跟長十八英尺、重一千五百多磅的馬林魚比體力、耐力和智慧。他對這可敬的對手說：「兄弟，我從沒見過比你更大或更美、更冷靜或更高貴的魚。來吧，殺了我啊。」他願意以生命做為這場競爭的賭注，因為這條大魚如此高貴，這場較量彰顯各自的精神力量。老人甚至將自我投射於大魚身上，既可憐那條大魚沒東西吃，又認為大魚身中要擊仍頑強以抗，那磊落的風範，沒有人有資格能吃它。對勢均力敵的大魚，老人表現出情人似的依戀，溫柔地說：「我非常尊敬你、愛你」，「魚啊，我跟你至死方休囉。」

海明威在這場你死我活的陽剛決鬥中，置入浪漫的軟肋；在充滿光熱與傷口的衝突間，流露尊重和憐憫。這讓對峙即使嚴峻卻不帶仇恨，雖然必須熬到你死我活卻沒有勝負，有的只是敬重彼此堅韌不屈的惺惺相惜。老人要殺馬林魚，只因為漁人的身分，以及挑戰前所未有對手的決心。他明知對手力量比自己強，仍沉著自信以對，強悍勇敢以抗，因為他必須征服自身的怯懦軟弱，彰顯一身傲骨。為了這份自傲與尊嚴，即使左手抽筋，背脊幾乎毀了，老人兀自正面迎敵，無所畏懼；為了突出勇氣、意志及自己真實的存在，他以纏鬥奪取意義，以生命換得榮譽。

如果老人與海、與馬林魚三天兩夜的搏鬥，是實現生命價值的具體表現，鯊魚肆虐的偷襲掠食便是命運裡悲壯的無情。老人視毀壞的馬林魚如同自己生命的痕跡，正一段一段地被鯊魚抹去，儘管使盡魚叉、刀子、船槳、舵把、木棍反擊，怎奈大魚仍被完全吃盡。一時間，所有的奮鬥冠冕都不再閃亮，曾經榮耀的生存證據都被抹去，這龐然籠罩而下的絕滅，讓老人萌生被打敗的疲憊。

三天航程裡，老人走過死亡幽谷，精疲力竭拖回那副魚骨架回到岸上。漁夫丈量魚骨架，驚訝於這巨大的魚而崇敬佩服不已；孩子心痛老人歷經險困，換來的卻是更大的失望而哭泣。至於老人，則沉浸在夢境裡反覆出現的金色獅子，那是他旺盛生命力、勇氣與忠誠的象徵，也是對力量的追求和對強者的嚮往。

「更何況每樣東西都以某種方式殘殺其他東西，他想。捕魚保住我的性命，也害死了我。他想，所有東西都以各種方式殺來殺去。捕魚讓我活下去，卻也同時在殺我。」生命裡的任何鬥爭都逃不過雙向的挫傷，以及與迸濺的光熱相當的代價。繃得幾近斷裂的釣線，利刃般割入老人的手掌，也讓魚鉤刺進魚的心臟，一如戰爭和世間遭遇在海明威身體上留下失明、燒傷、內臟破裂、高血壓、精神疾病。這是人與自然的鬥爭，也是英雄和命運的鬥爭。其實老人就是海明威，海明威寫的是不向命運低頭，不向對手屈服的英雄，也是自己對抗終將死亡的悲劇結局，做為人必須守護的信仰和尊嚴。

❖跨域思考地圖

建立概念

柏拉圖以節制、審慎、勇氣和正義做為基本美德，衍生出西方世界公認的四種傳統美德：智慧、公正、勇氣和適度。道德不僅是人之異於禽獸，成就善美的關鍵，也是患難中支持自己，改變世界的力量。

中世紀歐洲將宗教信仰等同於道德，認為離開基督教就談不上道德。尼采在《查拉圖斯特拉如是說》一書指出在上帝已死之後，人不再以宗教審判做為行事的界定，而得以面對心中的價值意義，並且依此意義創建人生。人在克服人性種種弱點，成為理想型的「超人」，那並非徒具蠻力的勇者或殘酷的暴君，而是勇於自我超越、自我批判及價值重估的人。

然而，失去上帝的同時，人落入孤獨無依，虛無荒漠的絕境。人必須依靠自己創造自己的世界，承擔自己的一切責任，因此海明威呼籲「人不是生來被打敗的」，「人可以被摧毀，不能被打敗。」是以在恢恢惘惘的威脅中，他以感興、明志、抒情的文學抵抗黑暗，讓我們得以看見他在五十三歲寫下的壯闊史詩，被他不向命運低頭的人生哲學，與積極樂觀的道德理想震撼。

如果置於兩次世界大戰的背景來思考這本書，則會發現死亡帶來重生，絕望與恐懼的精神創傷，終會因為人類強悍的生存欲求，追想價值意義的決心而消逝。這是海明威處於美國「迷失的一代」迷茫和彷徨氛圍下，試圖激勵出人的意志與潛力，克服與超越險峻外在環境的用意。

思辨指南針

海明威因《老人與海》榮獲美國普立茲小說獎、諾貝爾文學獎，奠定在世界文學中的突出地位。他在諾貝爾文學獎致詞中敘述道：「寫作，充其量不過是場孤單的人生。……對真正的作家來說，每本書都應該是全新的開始，他再度嘗試未可及的新的東西。……正因為在過去我們擁有如此偉大的作家，一位作家才會驅策自己遠遠超過他力所能逮，到達一個沒人能幫助他的境界。」

在生活裡，無論是豐富喧囂或是勞累困苦，每個人都必須孤獨地面對全新的自己，迎接全新的挑戰。我們可能被恐懼軟弱擊垮，被寂寞無助綁架，但做為人必須有一種深藏於內心的信仰做為抉擇的依據，行為的準繩；必須懷抱這份足以鼓舞強力意志的信念，激盪存在的勇氣，方得在這虛無的世界生存下去。

《白鯨記》與《老人與海》同是海洋文學經典名著，船長意志堅定、具有豐富的航海和捕魚經驗。不同的是老人的出海是漁人的使命，是忠於對海的習慣與熱愛；《白鯨記》中的船長亞哈則是為了賺錢及因為被白色抹香鯨莫比．迪克咬掉一條腿，而展開復仇之旅。這讓痛擊的追逐被憤怒和偏執之火燃燒成熊熊的血戰，在成功用魚叉擊中白鯨的那一刻，毀滅了所有人。「憂傷中自有智慧存在，而瘋狂則只會帶來憂傷。」亞哈船長被瘋狂偏執的復仇吞噬，以致走向玉石俱焚的悲劇，隱喻一段捕鯨航海歷史，及人類與自然永不休止的衝突。

人生千迴百轉，悲喜此起彼落，面對人的本質不可避免的悲劇性，我們只能選擇決心奮戰到底，唯其如此才能在迷惘中找到座標，確立生命基本價值。這是《老人與海》中多次提及美國聯盟賽洋基隊、布魯克林隊的球員英雄史、拳擊賽，以及人們不斷在書中尋找典範的的原因。

思辨問題一：

大魚被吃盡的結局與現實人生有何關係？試推想其背後的寄託之意是？這樣的生命情境到底是恢恢惘惘的一場空？還是相互成就，昇華境界的歷程？

觀點對話

一九一二年斯科特海軍上校率領的南極探險，在凱旋班師歸途中永眠在茫茫冰雪之中。褚威格以〈奪取南極的鬥爭〉一文鋪陳他們最後的選擇：「決定不再邁步向厄運走去，而是驕傲地在帳篷裡等待死神的來臨，不管還要忍受怎樣的痛苦。他們爬進各自的睡袋，卻始終沒有向世界哀歎過一聲自己最後遭遇到的種種苦難。」

臨死前，斯科特海軍上校悲壯地意識到自己對祖國、對全人類的親密情誼，在寫給世人的信中說道：「我們冒了險，心知肚明。天不隨人意，沒什麼可抱怨的，我們只能努力到最後……我們的遺骸和這些便條必將講述我們的故事。我們富強的祖國一定、一定會證明，我們對得起那些支持著我們的人的信心。」

有道是：「生不帶來，死不帶去。」「塵歸塵，土歸土，極盡繁華，不過一掬細沙。」儘管斯科特遺體深埋南極，他雄心壯志點燃的火熱之心，以及與不可戰勝的厄運搏鬥中守護責任的心志，仍無比高尚。老人拖回的是大魚骸骨，但它依然是無以倫比的勳章，沒有人能否認那驚滔駭浪的過程；即使老人無法因此得到眾人羨慕的財富和眼光，但遺憾裡卻有最深刻的認知。

「更何況每樣東西都以某種方式殘殺其他東西，他想。捕魚保住我的性命，也害死了我。」《老人與海》這樣描述漁人的宿命，每趟出海都是冒險，是戰鬥。老人手裡握著堅強的意志，緊抓住那一線釣絲，灌注生命，然後把結果交給運氣。

如果在乎的是漁獲，那麼老人是失敗的；如果追求的是握在手掌心實際利潤，老人搏命的過程是毫無意義的。然而，沒有人能否認看不見的曾經，現實人生正是如此，我們無法決定結果，即使得到天下也終將被死亡收回，卻能藉由磨折顯耀自己轟轟烈烈的決心和生命精神。

小說最後寫著小孩不顧家人的勸說，一意相隨，他跟老人說：「你一定得趕快康復，因為我有很多東西可以跟你學，你可以教我所有東西。」經驗傳承，精神不朽，這是生命的禮物，也是經歷的禮讚。

思辨問題二：

卡繆《鼠疫》說：「真正的不幸，不是絕望本身，而是習慣於絕望。」曾被囚集中營的奧地利心理學家Vicktor Frankl認為「絕望」公式是：D＝S－M，（D是絕望，S是痛苦，M是意義），也就是當一個承受無意義的痛苦時，便會陷入絕望。根據這個公式，在絕望的情境下，如何體現個人價值？

根據這公式，絕望的源頭是找不到意義，所以沉淪於痛苦之中。人的價值在不斷找到生存的目標，以行動建構自我的價值意義。《阿甘正傳》裡說道：「人生就像巧克力，如果不打開就永遠不知道下一顆是什麼樣子，是什麼味道。」人生的有趣正在不可預知的未來，充滿變數而又無法掌握。懷抱希望或絕望不是現實處境所能定義的，關鍵在內在的心境，追索的方向和實踐的腳步。

德國哲學家海德格為亞里斯多德一生做的總結是：「出生，工作，然後死去。」看似單調無趣，但亞里斯多德假設所有人都努力追求某個目標，人類最終的追求目標就是人生的幸福，金錢、權力只不過是為了達成目標的手段。這說明箇中滋味便在於出生與死去之間的工作，而追求目標的過程、目標的意義就是幸福的本身。

正如沈從文在〈抽象的抒情〉所言：「生命在發展中，變化是常態，矛盾是常態，毀滅是常態。生命本身不能凝固，凝固即近於死亡或真正死亡。」死亡，不是停止呼吸，而是不再有意義的運轉。老人一直沒有失去對自己的信心，和對身為漁人的使命感，因此他憑藉與前所未見的對手較量，突破既往，這正是生存的理由，重建新價值之所在。在我們生活的世界裡，儘管災難不斷，險惡不絕，但人性中光明無畏的一面，在絕望中展現出一種明知不可為而為之的堅韌、勇敢與承擔，便是展現價值之所在。

思考解決對策：接受歷練、確認意義、規劃執行、追求價值

加拿大作家揚．馬特爾《少年Pi的奇幻漂流》中，Pi遭逢暴風船難、親人驟變的傷逝，在目睹斑馬、鬣狗、紅毛猩猩、老虎殘殺之後，與孟加拉虎在海上共處兩百多天。對於這一個又一個絕境，以及由逃避、對立到和平共處的老虎，Pi對作家說：「沒有牠，我一定活不下去。」足見人類在多災多難世界中痛苦掙扎，但也正是這些災難苦痛激勵了決心意志，活出不一樣的自己。

與大魚搏鬥的歷程，所展現的高貴力量，是生命情懷的信仰，更讓老人證實自己生存的意義與價值。老虎是少年Pi，大魚是老人，這是一場與自我的對抗，是顯耀彼此精神的對決，在付諸行動中完成，在完成中建構意義。

提升自己的格局，在於不斷往更高的層次、更大的脈絡定位思考自己的使命；提升

生命的價值，在於放眼未來，關注全球，凝聚共識，讓更多人參與共榮共利的任務。那麼，在空洞、破碎、混亂的人生中，你將不再孤單軟弱，而有信心勇氣熬過困境，觸及精神層面的陶醉，感受生命高峰經驗。

❖延伸思考寫作站

題目一

阿里巴巴能打開石門，是因為他知道「芝麻開門」的密語；烹飪高手能征服大家的味蕾，是因為他練就一身功夫，抓到美味的訣竅；演員能成功詮釋某個角色，必然是因為他對人生的悲歡離合有深刻的領會。對於人生的考驗，你是否也有自己的「通關密語」？請以「通關密語」為題，寫下你找出「密語」而得以「通關」的過程，以及其中的體會。文長不限。

（一〇三年學測）

題目二

《老人與海》的結局裡，漁夫丈量大魚的骸骨，大叫「從鼻子到尾巴有十八英尺長呢。」遊客讚道：「我以前不知道鯊魚有這麼帥氣、這麼好看的尾巴。」就結果而言，這是等著被潮水帶走的垃圾，在現實世界計算裡毫無價值。有誰知道或在意過程？有誰會就老人心理世界的價值評估結果？

老人在大海上的搏鬥到底是一場徒勞無功的悲劇？還是超人的精神勝利？在論斷功過成敗時，你主張過程論？還是結果論？請提出你的立場，並舉例辯證說明觀點。

題目三

請綜合以下兩個事例，提出你的看法。文長限二百五十——三百字。

（一）蘇麗文在北京奧運跆拳道銅牌爭奪賽中，強忍左膝受傷之痛，十一次倒下仍奮戰到底，令全場動容。回國後，數所大學爭取她擔任教職。

（二）邱淑容參加法國十八天超級馬拉松賽，途中腳底破皮受傷，仍堅持跑完全程。送醫後，因細菌感染引發敗血症，右腳截肢，左腳腳趾摘除。

（九十八年學測）

解放黑奴，展望明天

——瑪格麗特．米契爾《飄》

思考焦點：南北戰爭解決了哪些問題？對美國整體而言，這場戰爭所付出的代價是否值得？內戰後的美國政府與社會是被意識形態操縱走向對立，還是發揮成熟智慧創造共榮共利？

❖今天讀什麼？

瑪格麗特．曼納林．米契爾（Margaret Munnerlyn Mitchell，一九〇〇—一九四九年），美國文學家。

米契爾生於美國亞特蘭大，父母都是律師，一家人住在一棟維多利亞式房屋裡。外祖母非常重視女孩的教育，將家產都投資於把孩子送到北方女子學校讀書，這讓米契爾母親成為爭取婦女投票權的女權主義者。在這樣開放而前衛的成長背景裡，米契爾自幼穿男孩子的褲子學習騎馬，對愛爾蘭裔美國人遭遇不平等對待感觸深刻，親友們的親身經歷，更讓她深刻感受亞特蘭大在南北戰爭時落入北方軍將領之手的巨變，以及重建的堅毅，埋下以內戰歷史為背景的創作動機。

華盛頓神學院畢業後，她進入路易斯學院，因母親過世而輟學，此後便以佩琪．米契爾為筆名為雜誌撰寫週日專欄。二十六歲那年，摔斷腳踝在床上休養的她著手寫美國內戰小說，以十年完成的《飄》，最初名為《明天又是全新的一天》。後引用美國詩人恩斯特．道森：「我忘卻的太多了，Cynara！隨風而去」，和小說主角郝思嘉為躲避北方軍的轟擊，逃回家族農場說的話：「塔拉還在嗎？抑或是它已經隨著席捲喬治亞州的風暴而去了呢？」將小說的題目改為《隨風而去》（中譯名為《飄》）。

這是她在世時唯一出版的作品，卻成為僅次於《聖經》世界上銷售量最大的書籍。這本書不僅奠定米契爾在世界文學史不可動搖地位，在一夜之間變成風雲人物，粉絲無時無刻地守在她家門口，請求簽名，也被不斷改編為舞台劇、音樂劇、芭蕾舞劇，更使電影《亂世佳人》拿到十座奧斯卡，成為電影史上引以為傲的經典。

書摘

「在這夏天的夜裡，弟兄們早已就寢，我卻輾轉難眠，仰望著星空，反覆想著一個問題：『衛希禮，你為何在此？為何而戰？』」

「顯然不是為了榮譽。戰爭是骯髒的，而我不喜歡沾惹塵埃。我並非軍人，也不想在腥風血雨中追逐虛幻的名聲。我生來不過是個喜好書本的鄉紳，如今卻置身戰場。美蘭，軍號不能使我熱血沸騰，鼓聲也無法激勵我奮勇拚殺。我再明白不過了，我們被欺騙了，被我們南方人的自大性格欺騙，自以為一個南方人能幹掉一打北佬，棉花國王能統治世界。我們也被那些位居要津，那些我們尊敬、景仰的人灌輸的空話、口號、偏見與仇恨欺騙，什麼『棉花國王』、『蓄奴』、『州權』還有『消滅北佬』，全是虛假的口號。」

「我躺在毯子上，仰望著星空自問：『究竟為何而戰？』我想到的是州權、棉花、黑奴，還有我們生來就學會仇恨的北佬。我知道我上戰場並不是為了這些。我看見的是十二橡園，想起月光斜照著白色的圓柱，想起木蘭花在月光下綻放的脫俗之美。我還想起攀緣而上的玫瑰花叢，使得側陽臺即使在最炎熱的正午，也是一片蔭涼。我也看見母親在蔭涼的陽臺上縫紉，就像我孩提時候那樣。我聽見黑奴在黃昏時分從田裡回家，拖著疲憊的身軀唱著歌，準備吃晚餐。我還聽見絞車將水桶緩緩送入冷井的聲音。我看見長路穿過棉田，一直通往河流，還有低窪地在黃昏時候升起白霧。這才是我上戰場的理由。我要的不是別人死亡、受苦。我不追求名聲，也不怨恨任何人。我這種愛家、愛鄉的情懷，也許就是所謂的愛國情操。可是美蘭，我的情感比這還要深入。美蘭，我冒著生命危險，表面上是追求這些，其實我真正追求的是這些所代表的，也就是我所喜愛的生活。我之所以上戰場，是想留住舊日時光，留住我深愛的舊派作風，但無論最終誰勝誰負，往日的好時光只怕是一去不復返。不管戰爭的結局為何，我們反正是輸了。」

＊＊＊

南方漸漸浮現抨擊投機商人、牟取暴利的商人與政府承包商的聲浪，米醫師的投書算是開了第一槍。查爾斯頓的港口已被北軍的砲艦全面封鎖，威明頓的港口因而成為走私重鎮，當地的情勢已經到了令人髮指的地步。投機商人大舉湧入威明頓，拿著現金狂買幾船的商品，囤積著等待漲價，而且不用怕價格不漲，因為必需品愈來愈稀少，價錢每個月都在上漲。平民百姓只能選擇不買，或是咬牙忍受投機商人開出的高價。貧民與中產階級的生活愈來愈苦。物價不斷上漲，邦聯的貨幣卻飛快貶值，南方百姓開始瘋狂搶買奢侈品。大家希望走私客多帶些必需品進來，可是現在走私客的船隻滿載著價格高昂的奢侈品，沒有空間堆放邦聯迫切需要的物品。南方百姓急著把手裡的錢拿去買奢侈品，唯恐等到明天價錢又要漲了，貨幣又貶值了。

「妳說我貪財？我不是貪財，只是有遠見而已，不過有遠見跟貪財的意思大概也差不了多少，至少那些不如我有遠見的人會這麼說。任何一個在一八六一年拿得出一千塊錢現金的邦聯愛國人士，都可以跟我一樣。可惜他們當中沒有幾個貪財到懂得利用機會！舉個例子好了，從薩姆特堡被攻下之後，到北佬封鎖港口之前的那段時間，我用很低的價格買進幾千大捆棉花，送到英格蘭去。現在還堆放在利物浦的倉庫裡。我一直放著沒賣，等到英格蘭的紡織廠沒有棉花了，我開多少價錢，他們都會買。到時候一磅棉花賣到一塊錢也不奇怪。」

＊＊＊

她再怎麼閃躲，也躲不過眼前的困境，找不到一個人分擔她肩上的重擔。爸爸年事已高，又受了驚嚇。兩個妹妹還在病中，美蘭身體孱弱，個性也軟弱，孩子們更是六神無主。家裡的黑奴像孩子般仰賴著她，窩在她的裙子邊，認定了愛蘭的女兒也會像愛蘭一樣，一輩子做他們的靠山。

她站在窗前，在升起的月亮黯淡的月光下，看著眼前的塔拉莊園，黑奴逃跑，田地荒廢，穀倉全毀，像個軀體在她眼下淌著血，像她自己的身體，緩緩流著血。這就是道路的盡頭，顫抖的老人、病人、嗷嗷待哺的嘴巴、無助的雙手拉扯她的裙子。這條路的盡頭什麼也沒有，只有郝思嘉，今年十九歲，一個寡婦人家帶著一個小孩子。

她現在是以全新的眼光看世界，因為她在回鄉的漫長旅程中，已經把少女時期給拋下。她再也不是從前那個易塑的黏土，每一次的新經歷都在她身上留下印記。在這個看似無窮無盡、長如千年的一天當中，她這塊易塑的黏土變得強韌、堅硬。今天晚上是她此生最後一次讓人當個孩子伺候。她現在是女人了，青澀歲月已經離她而去。

不，她不能夠，也不願意投靠父母兩邊的親戚。郝家人才不接受別人的施捨。郝家人會照顧自家人。她的重擔她自己扛，而且一個人的肩膀也要夠強壯，才能扛起重擔。她低頭往下看，一點也不驚訝地想著，最悲慘的事情都經歷過了，還有什麼是她扛不起來的？她不能拋下塔拉莊園不管。她屬於這裡的紅土地，遠遠超過紅土地屬於她。她的根深深扎進血紅色的土壤，汲取生命所需的養分，好比田裡的棉花。她要想辦法留在塔拉莊園，守住她的家園，守住她的父親、兩個妹妹、美蘭與希禮的孩子，還有黑奴。明天……啊，明天！明天她會扛起重擔。明天有好多事情要做。要到十二橡園還有麥家去，看看荒廢的菜園還有沒有剩下的菜果。要去河邊沼澤地，找找看有沒有走失的豬與雞。還要帶著母親的珠寶到瓊斯伯勒與愛愉市去……那裡一定還有人留下來賣吃的東西。明天……明天……她的思緒愈走愈慢，像個快要停下的時鐘，但視野依舊清晰。

她本著不知失敗為何物的精神抬起下巴，儘管失敗已在面前與她對望。她一定可以挽回瑞德，她知道自己辦得到。只要她下定決心，世上沒有她得不到的男人。

「這一切等我明天回到塔拉再想吧，到時我就挺得住了。明天我會想辦法來挽回他，畢竟，明天又是全新的一天！」

節錄自《飄》（瑪格麗特．米契爾／著；龐元媛、林曉欽、黃鴻硯／譯），二〇二三，麥田出版

❖經典放大鏡

解構文本脈絡

南北戰爭爆發，衛希禮懷疑為何而戰，憂心南方莊園寧靜生活的信仰即將消失↓貨幣貶值經濟恐慌，物價飆升物質匱乏↓北軍攻陷亞特蘭大，摧毀莊園，郝思嘉帶大家逃回塔拉莊園↓郝思嘉扛起再建家園的重責，相信明天會有轉機

圖說核心概念

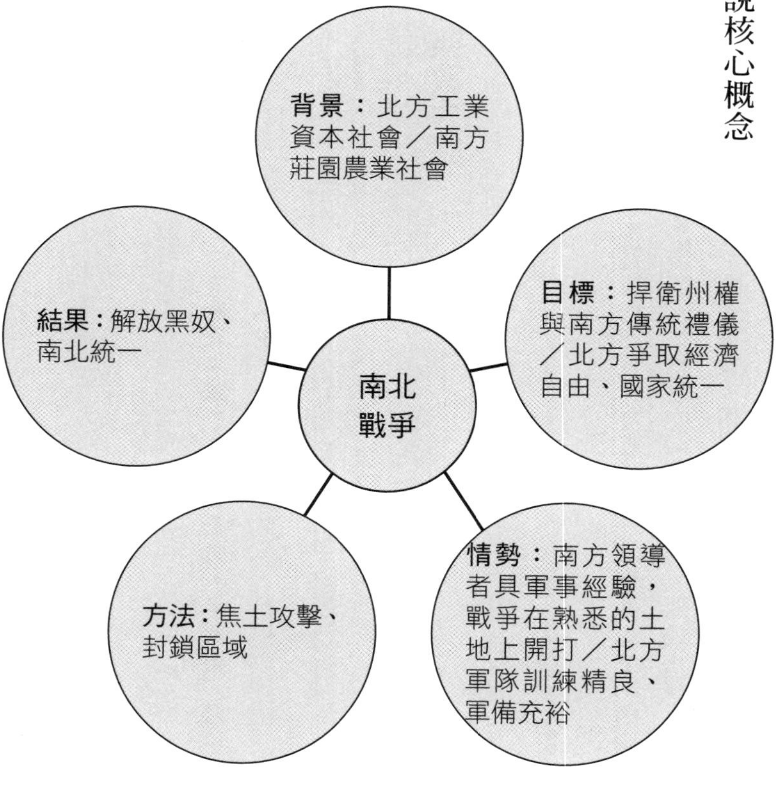
背景：北方工業資本社會／南方莊園農業社會
結果：解放黑奴、南北統一
南北戰爭
目標：捍衛州權與南方傳統禮儀／北方爭取經濟自由、國家統一
方法：焦土攻擊、封鎖區域
情勢：南方領導者具軍事經驗，戰爭在熟悉的土地上開打／北方軍隊訓練精良、軍備充裕

深度解析文本內涵與意義

《飄》這本長篇小說以美國南北戰爭所顯示的社會型態與文化思維，和圍繞郝思嘉、白瑞德、韓美蘭、衛希禮的愛情兩條線交織而成。郝思嘉父親是愛爾蘭的移民，由身無分文到結婚生子經營塔拉莊園的創業，以傳統家庭教育和嚴格的道德觀念博得尊重，這是美國發跡的歷史，也是美國精神與夢想的實踐。

循著這條線鋪展出以農為主的南方保守傳統，與移民者承繼英國、愛爾蘭發展出一套主人、奴隸的社會階級體系。他們自視為秩序的守護者，言行舉止有一套社會檢視的禮儀規範，任何有身分地位的人都要自愛自重，如男性對女性的騎士浪漫保護、女性以柔弱順服顯示教養，滿足男性尊嚴。男人儘管明知戰爭是盲目的，依然必須為捍衛州權而戰，女人忠於主義犧牲自己和所有的一切渴望；寡婦必須神情哀傷，穿著黑色的衣服、足不出戶，履行做為遺孀的義務，否則被責為淫亂的惡女人；明顯的階級優越感甚至表現在只有有錢人及地位高的人才可以參戰，掌握經濟命脈和政治法律話語權。

小說以美國喬治亞州棉花田莊園與亞特蘭大為背景，照映出南北經濟社會階級間的矛盾，以及認知上的偏見，如北方佬是沒有文化的粗漢、唯利是圖的市儈。北方以廢除蓄奴制度做為戰爭的正當性理由，其實對峙的是工業機器與封閉農業兩種迥異的政經文化制度。這是一場棉花與砲彈之戰，莊園生產與資本主義之戰，正如白瑞德以客觀現實戳破南方虛無意識的傲慢，分析這是場未戰已決勝負的對抗；「各位可曾想過，梅森迪克森線以南的地方沒有一家大砲工廠？南方只有幾家鑄鐵廠？幾家羊毛廠、棉紡廠、鞣皮廠？各位有沒有想過，我們連一艘戰艦也沒有，人家北佬有一整個艦隊，一個星期就能包圍我們的港口，到時候我們的棉花就沒辦法賣到國外。」、「我知道有幾千個移民願意為北佬上戰場，換取食物還有幾塊錢的酬勞。我在北方還看見工廠、鑄造廠、造船廠、鐵礦跟煤礦，都是我們所沒有的。我看我們什麼也沒有，只有棉花、黑奴跟傲氣。人家一個月就能拿下我們。」

除卻客觀條件的差異，原支持南方邦聯的英國和法國，因為遲疑而放棄救援。儘管李將軍頑強抵抗，終不敵北方以阻止分裂為聯邦最高目標所採取的焦土作戰，以致遭受毀滅性的衝擊。面對劇烈撼動，過去時代終將逝去的事實，溫文柔雅的衛希禮採取的是逃避退縮，在給美蘭的信裡，他反覆陳述沉浸於緬懷過去安逸富裕的幻想，而不打算改變觀念，重建新的世代。

反倒是郝思嘉的意識改變了，她把驕傲的眼光朝向明天，以堅實的腳步走向未來。

由戰前虛榮驕傲地為搶在所愛的衛希禮之前結婚，而衝動嫁人生子的千金小姐，到經歷北方部隊放火擄掠，挺身舉槍殺人。貧窮飢餓，危殆不安的恐懼激發出郝思嘉強烈的求生意志，讓她決然撕下傳統社會的規範，為保住塔拉莊園不惜再嫁甘福隆，把木材工廠經營得有聲有色。

顛沛流離的逃難和血腥的屠殺，教會她必須冷酷現實才能活下來，精明幹練才能在男人的社會裡生存。「明天，又是全新的一天！」這句是對昨日告別的宣言，意味郝思嘉不再靠家族光環，不再秉持表面上的道德禮儀卻依賴奴役黑人農活享受，而是順應風潮白手起家，勤苦奮鬥積累事業的現實主義者。那是源於土地的獨立自主，基於求生求活創造優勢的人生態度，更代表內戰後，南方由興盛到崩潰的成長和奮鬥，美國在經歷衝突後走向新局的大和解，與團結合作的共識。

❖ 跨域思考地圖

建立概念

在宗教概念上，信仰包含信心和信任，因為深信無疑而信任，因為不證自明的信任而產生信心。在哲學上，信仰，是人對於自身人生觀、價值觀和世界觀等的選擇與持有。

康德一斧劈開道德與信仰的聯繫，將道德主體放在人的理性自律，強調人憑藉先天理性即可建立道德法則。當時美國北方以人本為道德，而南方依循上帝即是道德的信仰，認為「大家只知道李將軍天縱英明，維吉尼亞軍所向披靡，就如同他們堅信天堂有個正直善妒的上帝。」一充分奉行中古世紀傳統的南方莊園，基於生產環境和社會文化所鞏固的信仰，而將上帝做為無堅不催的盾牌，無視於北方船堅炮利的現實條件，未戰便已注定失敗的結局。

科學家批評南方強烈的信念是沒有證據的盲信，是缺乏足夠證據、不能理性的固執信任。北方改革者反貴族政治，著重於「自由、平等、統一」的信仰，致力於提昇「具晉升機會、有財產權、與勞務自主」社會道德的承諾，被視為美式民主的核心價值。

首當其衝的便是奴隸制度，這被視為封建舊習、壓迫人權、控制自由、支配他人的命運與勞動成果的舊社會習俗，在內戰前的改革者眼中是不合乎正義公理、自主民主的理念，因此這高舉人權的爆炸性話題，成了壁壘分明的戰爭火炬。再加上南方州蓄奴既得利益者的民意抵抗，引發執意脫離聯邦自組「美利堅聯盟國」，觸犯林肯「任何州均不得僅由自己動議，即可合法脫離聯邦……」的底線，而被認定反叛，爆發這場激烈的信仰對決，拯救聯邦之戰。

內戰四年付出六十二萬人犧牲代價的結果，是徹底鞏固美國主權與領土統一，美國經濟走向海外擴張之路，一八九〇年美國工業產值超過農業，一八九四年更超越英國躍為世界第一，顯現停止內耗的美國釋放的潛力多麼巨大。

思辨指南針

所謂「冰凍三尺，非一日之寒」，任何激烈的衝突背後都隱藏著複雜的問題，長久糾結累積的對立情緒，當壓力膨脹到極端程度時便引發爆炸。昂貴代價的戰爭，是迫不得已的最後選擇。基於美國東北地區工商業型經濟增長，人口密度增加，已然進入個人主義、社會階級流動、市場導向的資本社會思維，與勞工自主的生產管理結構，西北地區（即今美國中西部）自耕農迅速擴展也走上中小型企業經營模式，然而東南的墾殖農場、西南的棉花產業雖大幅開疆闢土，仍維持地主奴工的封建布局、農業管理思維，以致對於社會遠景看法互異。

一八六一年美國國會肯定林肯的舉措，並通過決議宣稱戰爭目的「不是為了任何征服或者鎮壓目的，也不是為了推翻或者干涉南部諸州的權利和現存制度，戰爭的唯一目的就是保存聯邦。」在國家統一的目標下，「蓄奴州」與「自由州」在「把基督的墳墓從異教徒手中奪回來！」、「打倒教皇制度！」、「奴隸制和州權」、「自由」的呼聲中，選擇了以戰爭剷除分歧。

思辨問題一：

許多歷史編纂者將這場南北戰爭，關乎奴隸制度存廢以及分離與否的衝突，視為「美國二次革命」——美國跨入現代工業社會的革命性分水嶺。推想源自歐洲傳統的南方生存信仰，被北方工業潮流取代的原因是？

這場在美國本土發生規模最大的戰爭，表面上是爭議廢除奴隸制度，實則涉及機器帶動工業生產、國際貿易流通的資本掠得與系列性的經濟結構。當鐵軌、生鐵、機器、棉布和其他英國製成品的進口產品充斥美國市場時，美國本土的工業萎縮；歐洲糧食過剩，美國小麥豐收，導致糧食價格崩盤，連動金融貨幣危機、有價證券急劇貶值，各地銀行爆發擠兌風潮，成千上萬工人失業。

南方以土地農業為資產的穩定性，和北方商業貸款關稅的變動性，兩種經濟體系在經濟恐慌下激化為嚴峻的對立。但所謂運會所趨，莫可阻遏，隨著工業文明翻轉的革命，不會因為一時的衝擊而停止，技術與組織的變革會不斷翻轉整個經濟制度，影響人們的生活與思考模式。

資本主義是一個不安定的系統，永不休止的運作。經濟如何透過更先進的商品和勞務，以及更具生產力的生產方法，創造經濟福利是企業家與政府致力的目標。誠如《締造美國經濟的三十三位巨人》一書所說：「美國在很大程度上要感謝那些空想家、實業家、那些與世隔絕的知識份子；要感謝那些冷靜理智的靈魂，他們的目光指向了更高層次的東西，沒有淹沒在物慾橫流的現實中。」、

「我們區別與其他民族的顯著之處在於，我們是靠是時獲勝而不是雄辯；我們靠的是行動，而不是靠白日夢；靠具體的成就而不是靠虛無的理論。」北方所代表的實業主義，能提供每個人經濟自主、生命自由、爭取未來的尊重，顯然勝過南方封建地主的私經濟制度。

思辨問題二：

有人認為道德具共通性，不可變異性，是適用於所有人的普世倫理；也有人主張道德觀「沒有必然性」，它是一種社會意識形態，是人們共同生活及其行為的準則和規範，會因時代、社會、個人而有所不同。你的看法是？

觀點對話

基於道德是源自於特定哲學、宗教或文化的行為準則，也可以源於一個人所相信的普遍價值，因此它必然是隨著環境而改變。譬如假社會制約而行管控之實的威權、日本《楢山節考》中的棄老傳說的殘酷生存法則，以及禁止婚前性行為、墮胎、人工受孕，或藉道德作為譴責的正義，而讓女人「生是夫家的人，死是夫家的鬼」，立貞節牌坊做為終身守寡的冠冕。

自由主義認為這些有違人權的觀念，是社會多數暴力對弱勢群體的道德性迫害。基於「一切不侵犯他人自由的自由都應該受到保護」，因此傾向於重視關懷和公平，這是當時美國北方的觀點。而南方奉行的道德信仰是忠誠、尊重和純潔，極少重視關懷和公平。

儘管道德並不代表客觀對或錯的主張，而是主觀的被認為是對或錯的主張，但不可否認道德發展與「社會文化演化」密切相關，社會有其類似的道德標準或美德，如智慧、勇氣、人性、正義、節制和超越等。

思考解決對策：法令政策、實施策略、尊重肯定多元貢獻之公民教育

道德並非天生的，而是透過教育學習的探究思考，認知人與人、與社會、世界的關係之後，才逐漸形成的。英國學者威爾遜（John Wilson）認為道德不只意含道德實踐的能力而已，尚包括一般態度、情感及性向，亦即整體的人格都必須朝道德的「善」發展。所以道德必須和人固有的終極關懷相結合，激發人性中崇高的宗教情懷，才能使人們不但確

立道德的終極意義，更致力於道德的實踐。

教育陶養能發展高層次自覺與自我要求，但解決道德認知不同而產生的紛爭，則需仰賴法律、制度，以行政手段執行違反某些道德觀念的行為。如一八六三年林肯頒布《解放奴隸宣言》立即解放少部分奴隸，黑人終於得到自由。

❖延伸思考寫作站

題目一

鄭用錫在〈勸和論〉中分析械鬥事件，是因為漳、泉、粵族為生存利益而結合，故劃清界線、區分類別而產生群體衝突。進而提出多元族群的移民社會中，分類之間的主要吸引力並非以道德人心為依歸，而是先以「同鄉共井」為「選邊站」的首要考量依據。你是否贊成這是有效化解紛爭的方式，請說說你的看法。

題目二

有句話說：「法律是道德的底線」，但合法就是合乎道德嗎？切合於人情事理，則近乎道德嗎？刑求是否不道德？是否該廢除死刑？請就其中任何一個問題，提出你的看法。

懷疑存在，追求主體

——阿爾貝．卡繆《異鄉人》

思考焦點：每個人都必須社會化，才能生存於世嗎？自由人意味邊緣化？活在被眾人解讀的生命是自己的嗎？

❖ 今天讀什麼？

阿爾貝．卡繆（Albert Camus，一九一三—一九六〇年），法國小說家、哲學家、戲劇家、評論家，一九五〇年獲得諾貝爾文學獎，與沙特並稱為二十世紀法國文壇雙璧。

卡繆生於北非法屬阿爾及利亞的勞工家庭，出生不久父親被徵召參與第一次世界大戰身亡，隨母親移居外祖母家。父母親分別來自法國、西班牙的移民。離開非洲家鄉後至法國，但這身分讓卡繆處於流浪的狀態，所謂的阿爾及爾是在失去時才能認識的家園，而他也成了文化與地理上的異鄉人，以寫作為唯一的棲居之所。

貧民區長大的卡繆靠獎學金、半工半讀完成大學，畢業後先擔任記者，報導阿爾及利亞中下勞動階層及穆斯林的疾苦，並參與政治運動、組織劇團。二戰爆發，德軍侵法，他參加地下抗德組織，負責《戰鬥報》出版工作。

卡繆思想的核心是人道主義，他的小說沒有壯闊的大歷史，也沒有聖人、英雄和浪漫的情節，有的只是平凡小人物、帶著寓意的現象，和不分種族、地域，在每個世代都必然會面對的問題。

瑞典學院讚其作品：「具有清晰洞見，言詞懇切，闡明當代人的良心問題。」《薛西弗斯神話》和《異鄉人》構成了卡繆文學創作的母題，形成「荒謬」系列，提出只有「幸福的生活才符合人的尊嚴，反抗才能體現尊嚴」。

納粹德軍入侵法國的大逃亡，以及發生在故鄉阿爾及利亞奧蘭城疫情的封城，讓卡繆靜心思索死亡、隔離、流亡，分散都是人的命運，而寫下小說《瘟疫》、論述《反抗者》、戲劇《正義者》「反抗」三部曲，表達「人也可以透過反抗，透過團結一致，重新取得自己的尊嚴及自由。」

這位菸不離手、笑看人世、洞悉人性、擁抱荒謬的性格大師，在文學上，他是存在主義大師，哲學上提出荒謬論，政治上曾先後投入共產主義與無政府主義陣營。逝世五十週年，法國總統沙柯吉有意將他的墳遷移至先賢祠，但卡繆的兒子認為他父親一生反對虛名，不會接受搬進這樣的膜拜。

書摘

我一直在思考的還有兩件事：黎明和上訴。不過我盡量控制自己不再去想，躺下仰望天空，強迫自己專注。當天色由藍轉綠時，我知道夜晚即將來臨。我聆聽自己的心跳聲好轉移思緒。我不能想像這個一直伴著我的聲音會有終止的一天。我向來不擅長想像，但仍舊嘗試模擬心跳聲不再迴盪於腦際的一刻。然而無論多麼努力也是徒然，黎明或是上訴的問題總是揮之不去。最後我決定，不去勉強自己才是明智之舉。

一到白天，我轉而思考上訴的問題，並從中獲益良多。我盤算各種可能，且在深思熟慮中獲得最大的慰藉。我總是假設最壞的結果：上訴遭到駁回。「所以，我必死無疑。」總之，這一點顯而易見；不管是現在還是二十年內，死的橫豎是同一個我。可以確定的是，當人生走到盡頭，死亡的時間和死法已不重要。因此（困難處在於不要忘記這個「因此」所代表的一連串辯證），我必須接受上訴遭到駁回的事實。

就是在這些思緒翻來覆去的時刻裡，我又一次拒絕了監獄牧師的來訪。我平躺著，從微泛金黃色的天空預見夏夜的降臨。我剛剛駁回了自己的上訴，正感覺身體裡的血液規律循環。我毫無會見監獄牧師的必要。接著，長久以來第一次，我想起了瑪莉。她已經有好些時日沒再寫信給我。這天晚上，我仔細想了想，告訴自己也許她厭倦了繼續當死刑犯的情婦；又或者她生了病還是過世了，這些都是可能的原因。我們分隔兩地的軀體已失去任何聯繫，也沒有什麼可供彼此追憶。再說，從推測她可能已經死亡那一刻開始，瑪莉的回憶對我已無關緊要。她一旦死去，我便不再感興趣。我覺得這很正常，因為我完全能理解一旦我死了，人們將把我遺忘。他們不會再跟我有任何關係。我甚至不能說這種想法會讓我傷心難過。

＊＊＊

忽然，他抬起頭面對著我說：「為什麼你一再拒絕我的探視？」我回答說我不相信上帝。

聽完他站了起來，直視我的雙眼。當他說話時，聲音也很平穩：「難道你完全不抱任何希望？難道一直以來，你都認為死後自己的生命將完全消逝，沒有什麼會遺留下來？」我回答道：「對。」

他低下頭，又坐了下來。他說他同情我，他認為這種想法必定會讓人生變得難以忍受。儘管不太專注，我還是聽見他繼續向我拋出一連串的問題，聲音中充滿不安和急迫。我明白他當真苦惱了起來，這才比較用心聽他說話。

他說他確信我會上訴成功，但我背負著沉重的罪孽，必須設法卸下。據他所言，人類的審判微不足道，上帝的審判才是至高無上的。我卻指出將我判處死刑的是前者，而非後者。他的回答是那並不足以洗淨我的罪過。我告訴他我不知道所謂罪過為何，只是被告知自己犯了罪；因為有罪，所以得為此付出代價，沒人有權再對我做出更多要求。

他轉過身走向牆邊，緩慢地伸手順著摸過牆面，邊喃喃地說：「你真有那麼愛這個世界嗎？」我沒有回答。

他就這樣背對著我頗長一陣子。他的存在讓我喘不過氣，令我厭煩，我正想請他離開，留下我獨自一個人，他猛然轉向我激動地大聲呼喊：「不，我不能相信。我確定你一定曾經希望有來世。」我回答那當然，但這跟希望成為富翁、游泳游得很快，或嘴唇長得更漂亮相差無幾，每個人都有這一類的願望。但他打斷了我，並詢問我想像中的來世是怎麼樣的。我咆哮道：「能讓我記起這一世的，那就是我想像的來世！」緊接著我馬上告訴他我受夠了。

不知道為什麼，一股無名火在我體內爆發開來，我扯著喉嚨對他破口大罵，要他別為我祈禱。我抓住他長袍上的頸帶，在喜怒參半的迷亂中，將心底湧上的怨氣一股腦兒朝他宣洩。他看來的確是信心滿滿，對吧？然而，再多堅定的信念也比不上一根女人的頭髮。他生活的方式就像具行屍走肉，甚至不能說他是實實在在地活著。我表面上看起來也許是兩手空空，但我對自己很確定，對一切很確定，對自己的人生和即將來臨的死亡很確定，比起他擁有更多的自信。沒錯，這是我手上僅存的籌碼，可是至少我掌握了此一事實，一如它掌握了我。過去我是對的，現在我還是對的，我一直都是對的。這是我的生活方式，只要我願意，它也可以是完全另外一種。我選擇了這樣做而非那樣做。我沒去做某件事，卻做了另一件事來。然後呢？就像我一直都在等待這一刻，這個可以為我的生存之道佐證的黎明；一切的一切都不重要，我很清楚為什麼，他也很清楚。從我遙遠的未來，一股暗潮穿越尚未到來的光陰衝擊著我，流過至今我所度過的荒謬人生，洗清了過去那些不真實的歲月裡人們為我呈現的假象。他人之死、母親之愛、他的上帝、他人所選擇的生活、他人所選擇的命運，與我何干？反正找上我的這種命運，也會找上成千成萬像他一樣自稱為我兄弟的幸運兒。所以，他明白嗎？活著的人都是幸運兒，世上只有這一種人。大家一樣遲早要死，連他也不例外。一個謀殺罪被告，若只是因為沒有在他母親下葬時哭泣而被處決，那又如何？……我在呼喊這一長串字句中上氣不接下氣。

＊＊＊

許久以來第一次，我想起了媽媽。彷彿那場暴怒淨化了我的苦痛，掏空了我的希望；在布滿預兆與星星的夜空下，我第一次敞開心胸，欣然接受這世界溫柔的冷漠。體會到我與這份冷漠有多麼貼近，簡直親如手足。我感覺自己曾經很快樂，而今也依舊如是。為了替一切畫上完美的句點，也為了教我不覺得那麼孤單，我只企盼行刑那天能聚集許多觀眾，以充滿憎恨和厭惡的叫囂來送我最後一程。

節錄自《異鄉人》（阿爾貝・卡繆／著；張一喬／譯），二〇〇九，麥田出版

❖經典放大鏡

解構文本脈絡

我傾聽自己的聲音，思考上訴的種種結果→我決定不上訴，拒絕與神父見面，想到瑪麗→上帝的正義宣判我的死刑，只因在母親下葬時沒有哭泣→我想起媽媽，以及曾經的幸福

圖說核心概念

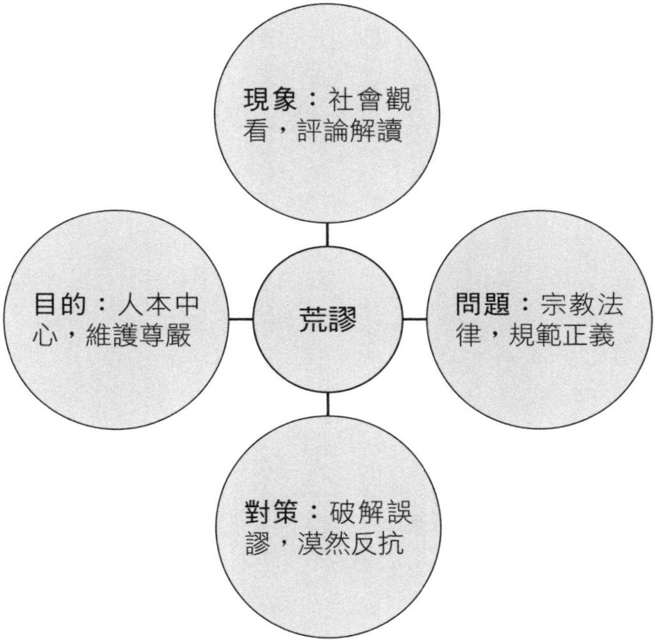
現象：社會觀看，評論解讀
目的：人本中心，維護尊嚴
荒謬
問題：宗教法律，規範正義
對策：破解誤謬，漠然反抗

深度解析文本內涵與意義

《異鄉人》（The Outsider，又譯為《局外人》），敘述主角莫梭接到母親去世的電報時沒有哭，母親下葬時沒有哭，而在棺材面前抽菸、喝咖啡。第二天，他去海濱游泳後，和久別重逢的瑪麗看滑稽影片。他對職務的升遷不感興趣，不願回答瑪麗是否愛她，對瑪麗提出結婚的建議不置可否。在一次出遊中，在沙灘上由於炙熱的太陽和刺眼的光線，他迷迷糊糊地自衛殺了一個阿拉伯人。接著是一連串荒謬的司法審判程序，在法官和他的辯護律師面前，他竟毫無表達自己意見的機會。最後他對指控坦承不諱，對於犯罪的動機，他的回應是：「那全是太陽惹的禍」。神父試圖開導他向神認罪，可是他不信神，反而認為神父深信不疑的上帝「抵不上一根女人的頭髮」，更比不上他清楚抓住的真理。

在大眾眼裡，莫梭是社會感知力薄弱，缺乏同理心，麻木無情的冷血動物。檢察官指責他沒有人性、沒有靈魂、沒有道德。法官以莫梭對母親的死漠不關心，不合乎道德，於是以他在道德上殺了母親為由判處死刑。社會認為母親過世應該流眼淚，任何不流淚的人就不符合社會道德，於是眾人能以死刑滅絕他，以社會公理正義的名義驅逐這樣一個局外人。

社會的禮儀習俗、制度規範界定了所謂的「理性」，和人應該遵循的行為模式，以達到人與世界和諧一致的關係。卡繆質疑社會化的人是自由的嗎？遵奉約定俗成價值觀念的存在能幸福嗎？尤其是人類的正義判莫梭死刑，告訴他是個犯人就必須付出代價。而所謂的罪孽，竟是「在母親下葬時不哭」。

這是社會殺人的方式——戴著正義的冠冕，合理化地懲罰任何違反社會法則的人。任何說真話的人將會危及整個建構在謊言上的社會制度，莫梭就是這些僵化制度下的犧牲品。

然而莫梭對於發生在自己身上的荒謬審判，竟像是局外人，沒有發言權，也沒有人在乎真相。小說中的自敘語氣平靜，彷彿是旁觀者。卡繆在美國版《局外人》序言中描述莫梭：「他絕非麻木不仁，他懷有一種執著而深沉的激情，對於絕對和真實的激情。」莫梭孤獨而不冷漠，他渴望建立關係，唯其如此才會關心想念，活著因此有了溫度。他要的是「一種我可以回憶現在這種生活的生活」，他懷抱上訴的希望，理性地思索與世界的關係，積極的反抗神父、檢察官以及社會加諸於他的審判；執著真生活，義無反顧地對抗當時「禮儀與宗教」所掌控的價值觀體系，聲稱自己沒什麼可以懺悔的。

小說最後，莫梭回憶起母親時表示「這世上沒有人，沒有任何人有權為她哭泣。」卡繆藉此提出自由的存在是可以真實地表達自己，這世界上沒有人可以規定他人的行動，要求對方一定要呈現什麼樣的感受，除了他自己。但荒謬的是這些社會文化規定禮儀，限制喪禮必須哭泣、人應該重視升遷、女人需要愛的回應，因此莫梭在心裡質疑、嘲笑、諷刺。

在荒謬的生存現實裡，置身局外的孤獨，索然無味的生活感覺之外，知其不可而為之的悲劇精神是一道光。明知失敗，明知最後的結局是死亡，但人的價值與生命的意義，就在對荒謬、疏離的抵抗，自由與真理中彰顯。

❖跨域思考地圖

建立概念

最黑暗的時代，往往激發出人類最深層的意志，鍛鍊出最內在的思考。

精神分析哲學家拉岡、女性主義倡導者西蒙·波娃、存在主義大師沙特、立體畫派巨擘畢卡索和卡繆都相逢在這風雲際會的時代，他們以各自的創新和探索的真理，對抗黑暗和虛無，這正是卡繆認定的存在。

卡繆認為每個人都是薛西弗斯，按著某種節奏周而復始的度過一生，這樣的生命根本沒有任何意義。唯有當開始追問「為什麼如此」的時候，人才開始存在。在意識中浮現問題，啟動懷疑、探究，進而反抗的行動才符合人的尊嚴，對人生的負責，因此提出「我們反抗，所以我們存在」的觀點。不服膺於權力，不信仰神化的主宰，不盲從於社會制度，不在乎眾人眼光，不屈服於既定價值觀的莫梭明白這樣的他，是不容於荒謬的世界。畢竟，眾人皆醉我獨醒的智者清者，必然被眾人唾棄。但他心裡確知自己就像被諸神懲罰的薛西弗斯，每天將巨石從山下推上山，巨石又會滾落山下，如此永無止境地重複下去。每個人都這樣茫然地徒勞，唯有知道當每次將石頭推上山，自己又一次戰勝了命運。

卡繆認為，建立在懷疑論之上的生活是沒有真正意義的，但接受荒謬的誠實的人會以自己的反抗賦予生活意義。這是一九四一年二次世界大戰期間，法國投降納粹德國，卡繆之所以投身於反抗納粹的運動。一九四二年出版《異鄉人》，其後擔任《戰鬥報》

編輯，成為法國反納粹重要地下刊物的原因。正如他在諾貝爾頒獎致詞上說到「以自己的方式、憑自己的力量、和這個時代所有的人一起，承擔我們共有的不幸和希望。」而體現作家職業的偉大，在於「拒絕謊言，反抗逼迫」，「為真理服務，為自由服務」。

思辨指南針

卡繆生於一戰之初，二十多歲時工業革命全面改變了社會經濟、政治文化，繼而經歷希特勒的暴政、第二次世界大戰、集中營大屠殺。蹂躪的烽火摧毀的不僅是有形的環境、生命，更是傳統價值觀、對人性真善美的信仰。毀滅陰影下疏離冷漠的人際關係，找不到存在意義的孤寂恐懼和焦慮徬徨，形成虛無主義失落的一代，沒有根的世代。

然而，我們可以哭泣，卻永遠無法選擇時代；我們畏懼死亡，卻絕對無法永遠逃避。卡繆認為「這代人不得不帶著獨有的清醒，為自身和周圍修復一點點生存和死亡的尊嚴。」為防止世界分崩離析，對抗政權的摧毀，他企圖「鍛造一種災難時代生活的藝術，以全新的面貌獲得再生，與歷史生涯中死亡的本能做鬥爭。」

思辨問題一：

社會體制、法律禮教、宗教信仰是真理嗎？它們是必要的嗎？

觀點對話

法律對權貴的保障、對女性的限制、種族的歧視和對外來者、弱勢的欺凌一直存在。足見為維護社會秩序、運作效能而制定的政治組織、法律規範，基於不同立場、觀點的人為操作，權力的滲透、多數決的暴力往往形成壓迫。

《異鄉人》裡的莫梭質疑堅信「上帝的正義才是一切。」但神父自以為抓到真理，卻跟死了一樣，因為他沒有自己的思考，只是躲在這虛假真理鞏固的城堡裡行屍走肉。這近乎魯迅《狂人日記》裡的狂人，抗議禮教吃人，大聲疾呼「救救那孩子」，企圖打倒箝制人心的陳腐封建，讓社會停滯的敗壞習俗。

是以沙特強調「存在先於本質」，除了人本身之外沒有先天決定的道德或靈魂。人沒有義務遵守某個道德標準或宗教信仰，卻有選擇的自由，但每個人的自由就可能影響他人的自由，每個人選擇後的結果也是無法逃避的責任。至於世人的評價與其身分地位無關，而當以其行為判斷。

思辨問題二：

死亡的命運是每個人的終點，既然生無可戀，死無可逃，渺小的人如何定位自身存在？如何在無意義的荒謬世界中自處？

觀點對話

存在主義認為人生是一條向死亡的路途，意識到終點，固然會陷於悲傷絕望或迷惘的情緒，但卡繆認為：「認識到世界的荒謬並非結束，而是開始。」當我們開始思考要活出什麼樣子，如何活出自己，為什麼要活，值不值得活，活著的意義，如何活出價值，人的價值由誰決定……時，便等於回答了哲學最基礎的問題，找到自身存在的途徑。

人之所以「在」，是因為人選擇了「存在」。在莫梭認為「他所說的上帝，他們選擇的生活，他們選中的命運，又都與我何干？」之時，便是有意識地選擇了他的生命權要握在自己身上，並準備接受「存在」賦予他的所有責任。那麼，世界的荒謬便不足畏，而如卡繆在《反抗者》所提出：「從認識荒謬出發，繼而肯定生命、勇於反抗對生命尊嚴的各種否定。」

正如薛西弗斯每一次將石頭推上山，就是再次戰勝命運；當他持續反抗命運，就是快樂的存在，也是對抗荒謬的方式。

思考對策：重新建立人生觀、價值觀——無神論、享樂主義、個人主義、民粹主義、極簡主義

「我確定你一定曾經希望有來世」，神父看出莫梭對世界的愛，對生活懷抱想法。存在主義因為對人活著的意義與目的感到懷疑，但這份困惑茫然與否定，也正是不斷尋找、建構存在意義，探索個人與世界連結方式的契機。

從「認為人應以態度和意志來決定自身存在的意義」（尼采）、「存在先於本質」（沙特）、「我思，故我在」（笛卡爾），迴旋不已的叩問，讓人確認擁有存在是自由做自己的選擇權。這人本概念，不僅讓教育開始正視個別差異，走向多元發展，讓瑞典人崇尚「對於個體自由度最大的追求」的個人主義，但也出現反秩序社會邊緣人；更引

發了一九六〇年代反抗民族主義、反越南戰爭、反西方國家中層階級的價值觀、爭人權的嬉皮。在政治上，反菁英和體制、強調農民和工人利益的「民粹主義」運動在各地興起浪潮。

❖延伸思考寫作站

題目一

甲、

夜飲東坡醒復醉，歸來彷彿三更。家童鼻息已雷鳴，敲門都不應，倚杖聽江聲。長恨此身非我有，何時忘卻營營？夜闌風靜縠紋平，小舟從此逝，江海寄餘生。

蘇軾〈臨江仙〉

乙、

恬靜最使人心生歡喜，覺得充滿了幸福。但這種感覺完全是屬於我個人私己的，難以和他人分享。當深夜沉寂，偶爾會有一部卡車從山腰轟隆急馳而過，聲音在峽谷間響應激盪，久久停留，我往往就會從安寧的心緒中驚覺過來。車上至少有一個聚精會神在奔波的人，重山曲流外就是苦樂混合著沸騰的紅塵，那裡面也有著我的妻女和親友，而我卻一個人上山來獨自享受清靜。那麼，我的幸福是不是純由逃避式的懶散得來的呢？山居只是自己刻意經營的一種看似空靈其實奢侈的生活？心安理得會不會是虛幻而脆弱的？

至少，我不希望如此，因為人間是我的根本用情處。

陳列《地上歲月．山中書》

請回答下列問題：

甲文中，蘇軾面對夜闌風靜，意欲「小舟從此逝」，遠離塵世；乙文中，陳列則從山居中的恬靜，與發「人間是我的根本用情處」的情思，二者顯然不同。請以「靜夜情懷」為題，連結甲文或乙文的體悟，寫一篇文章抒發你對靜夜的體驗及感受。

（一〇九年學測）

題目二

公元前七世紀，希臘詩人阿爾奇洛克斯（Archilochus）提出，「狐狸知道很多的事，刺猬則只知道一件大事。」身兼哲學家及知識史學家的以賽亞．伯林在一九五三年出版《刺蝟與狐狸》，根據此希臘寓言把人分成兩類：歷史上大凡留有名氣的思想家，一是狐狸型，善於觀察，思維跳躍靈活，可以同時追逐多個目標，相互矛盾的或是連接的，並根據當前狀況汲取大量他人的想法和經驗，如孔子與亞里斯多德；另是刺蝟型，將一切歸納於單一、普遍、以某個觀點來認識現實，並以此觀點為中心來「感受」現實中的一切，思路穩健保守，頑強且執著於某個目標，如卡爾．馬克思。

耶魯大學校長在新生演講中，讓學生思考如何尋求自己的求知之路，該成為狐狸還是刺蝟？他期勉學生在大學裡學狐狸，但也有些人認為「從優秀邁向卓越」要學刺蝟，請說說你的看法。

國家圖書館出版品預行編目資料

超高效能思辨課：多元理解經典文學，練就「讀寫論說」的素養力/陳嘉英作. -- 初版. -- 臺北市：麥田出版，城邦文化事業股份有限公司出版：英屬蓋曼群島商家庭傳媒股份有限公司城邦分公司發行, 2023.11
面； 公分. --(中文好行；16)
ISBN 978-626-310-559-1(平裝)

1. CST: 閱讀指導 2. CST: 寫作法 3. CST: 中等教育

524.31 112016447

中文好行 16

超高效能思辨課

多元理解經典文學，練就「讀寫論說」的素養力

作　　者　陳嘉英
責任編輯　陳佩吟

版　　權　吳玲緯　楊　靜
行　　銷　闕志勳　吳宇軒　余一霞
業　　務　李再星　李振東　陳美燕
副總編輯　林秀梅
編輯總監　劉麗真
發 行 人　涂玉雲
出　　版　麥田出版
城邦文化事業股份有限公司
104台北市民生東路二段141號5樓
電話：(886) 2-2500-7696　傳真：(886) 2-2500-1967
發　　行　英屬蓋曼群島商家庭傳媒股份有限公司城邦分公司
104台北市民生東路二段141號11樓
書虫客服服務專線：(886) 2-2500-7718、2500-7719
24小時傳真服務：(886) 2-2500-1990、2500-1991
服務時間：週一至週五09:30-12:00・13:30-17:00
郵撥帳號：19863813　戶名：書虫股份有限公司
讀者服務信箱E-mail：service@readingclub.com.tw
麥田部落格：http://ryefield.pixnet.net/blog
麥田出版Facebook：https://www.facebook.com/RyeField.Cite/

香港發行所　城邦（香港）出版集團有限公司
香港灣仔駱克道193號東超商業中心1/F
電話：852-2508 6231
傳真：852-2578 9337

馬新發行所　城邦（馬新）出版集團 Cite（M）Sdn Bhd
41, Jalan Radin Anum, Bandar Baru Sri Petaling,
57000 Kuala Lumpur, Malaysia.
電話：(603) 9056 3833
傳真：(603) 9057 6622
E-mail：services@cite.my

設　　計　謝佳穎
排　　版　宸遠彩藝工作室
印　　刷　沐春行銷創意有限公司

2024年01月02日　初版一刷

售價／399元
ISBN 978-626-310-559-1
9786263105812（EPUB）

城邦讀書花園
www.cite.com.tw